신바람 글쓰기 논술의 기초를 확실히 다지는 초등 학생 글쓰기 실기 훈련 프로그램입니다.

이경자 · 이동렬 함께 지음

3 중급
낮은반 용
6권 중 제3권

논술 준비를 위한
논설문 기초 공부

누구나 아이를 선생님처럼 가르칠 수 있는

학생 지도 방향
책 속의 책
해설 · 해답집

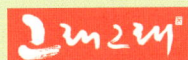

신바람 글쓰기

이 책의 구성과 특징

신바람 글쓰기는 논술의 기초를 확실하게 다지는 초등 학생 글쓰기 실기 훈련 프로그램입니다.
총 6권으로 구성된 이 실기 훈련 프로그램은 초등 학교 쓰기 책 12권과 새로 추가된 논술 학습 과정에 맞추어 어린이의 논리적 상상력과 언어적 표현력 향상에 최우선 목표를 두고 있습니다.

1. 논술의 기초를 확실하게 다지는 실기 훈련

- 논술도 엄밀하게 따져 보면 낱말과 낱말을 연결하여 문장을 만들고 문장과 문장을 연결하여 나의 생각과 주장을 상대방에게 전달하는 글 쓰기입니다. 이런 글 쓰기를 위해서는 ▷ 낱말을 바르게 적는 법, ▷ 문장을 만드는 법, ▷ 문장을 치장하는 부호를 바르게 사용하는 법부터 확실하게 익혀야 생각의 단위를 나타내는 문단을 만들 수 있습니다.
- 이 책에서는 이런 기초 다지기를 위해 초등 학교 1학년부터 6학년까지 배우는 ▷ 문장 부호 사용법, ▷ 원고지 쓰는 법, ▷ 문장 만들기, ▷ 일기쓰기, ▷ 동시쓰기, ▷ 생활문쓰기, ▷ 보고문쓰기, ▷ 기록문쓰기, ▷ 기행문쓰기, ▷ 독서 감상문 쓰기, ▷ 독서 기록 카드 쓰기 등 초등 학교 쓰기 교육 과정에서 꼭 이수하고 넘어가야 할 글 쓰기 실기 훈련 프로그램을 초급·중급·고급 과정으로 나누어 심화 학습과 반복 학습을 하며 논설문을 쓰기 위한 기초 다지기 과정을 확실하게 마치도록 구성했습니다.

2. 청소년기 독서 생활과 논설문쓰기

- 논설문쓰기는 한 마디로 말해서 지적이고 논리적인 글 쓰기입니다. 이런 논리적인 글 쓰기를 위해서는 우선 논설문을 잘 쓰는 다른 사람의 글과 나와 다른 생각을 가진 사람이 써놓은 글부터 읽어서 정확하게 내용을 파악하고 주요 핵심을 찾아낼 줄 아는 독서 생활이 선행되어야 합니다.
- 이 책에서는 이런 독서 생활을 위해 청소년기에 읽어야 할 본보기 글과 예문을 국내 작가들의 순수 창작물과 전래동화, 위인전 등에서 인용하여 폭넓게 수록했으며, 읽은 뒤에는 자기 생각을 덧붙여 상대방의 글을 비판할 수 있는 과정을 단원마다 수록해 심화 학습이 가능하도록 했습니다.

3. 교육 과정 개정과 논술 학습

- 교육 과정 개정으로 초등 학교 교육 목표는 논리적 추리력과 사고력을 지닌 인간형 육성에 큰 비중을 두고 있습니다. 앞으로는 녹음기처럼 학습 과목을 달달 외우는 학생보다 논리적 추리력과 상상력이 담긴 글 한 편을 잘 쓰는 어린이가 상급 학교 진학과 사회 진출에서 성공하도록 초·중·고 교육의 전반적 방향과 목표가 종전과는 많이 바뀌고 있습니다.
- 이 책은 이런 교육 과정 개정에 맞추어 ▷ 글 쓰기와 논술의 기초, ▷ 설명문, ▷ 기록문, ▷ 보고문, ▷ 마인드 맵으로 논설문 쓰기 등을 통해 초등 학생들이 논리적 추리력과 상상력을 키울 수 있도록 단원마다 반복 훈련과 심화 학습을 통해 논술 학습 능력을 키우도록 했습니다.

제3권 | 중급·낮은반 속

4. 선행 학습과 국어 능력 심화 학습

- 초등 학교 어린이 교육에서 어느 과목을 다른 학생보다 한 며칠이나 몇 주 먼저 배우는 〈선행 학습〉은 엄청난 결과를 불러옵니다. 또 그렇게 배운 선행 학습 내용을 완전히 내 것이 되게 〈심화시키는 학습〉은 학습의 성취도 면에서 엄청난 결과를 낳습니다.
- 이 책은 초·중·고 학생들이 논설문을 쓰는데 필요한 글 쓰기 전문 지식과 과정별 실기 훈련 과정이 국내 어느 글 쓰기 책보다 과학적으로 잘 짜여 있습니다. 또 심화 학습 과정을 통해 글 쓰기 전문 지식을 한 번 내 것으로 만들어 놓으면 초·중·고교는 물론 대학에 가서도 부족함이 없을 정도로 초·중·고급으로 나누어 쉽게 설명되어 있습니다.

5. 논술 학습 성공과 상급 학교 진학

- 논리적 추리력과 상상력이 담긴 어린이의 글 한 편이 상급 학교 진학은 물론 한 청소년의 사회 진출과 성공을 결정하는 시대가 우리 앞에 다가와 있습니다. 상급 학교 진학을 지도하는 교육 기관에서는 벌써부터 "논술이 희망이고 미래다."라는 말까지 하고 있습니다.
- 이 책은 이런 일선 교육 기관의 요구와 바램을 충족시켜 줄 수 있게 글 쓰기와 논술 학습의 성공을 위한 효율적 실기 훈련 과정을 크게는 초·중·고급으로 나누고 다시 낮은반과 높은반으로 나누어 여섯 권에 골고루 실었습니다. 그러므로 이 책 여섯 권을 떼고 나면 논술의 기초 다지기는 물론 평생의 어문 생활도 성공할 수 있습니다.

6. 선생님과 학부모를 위한 해설·해답

- 초등 학생들의 글 쓰기 교육이나 논술 학습은 어떤 선생님과 학부모님을 만나 어떻게 지도를 받느냐에 따라 그 결과는 판이하게 달라집니다. 결국 학습 분위기가 잘 갖춰진 가정에서 태어난 어린이가 글 쓰기와 논술 학습에서도 단연 두각을 나타내게 되어 있습니다.
- 이런 학습 분위기를 갖추기 위해서는 학교나 학원은 물론 학부모도 절반은 논술 학습을 지도 할 수 있는 선생님 수준으로 교육되어 있어야만 자기 자식을 효율적으로 지도할 수 있습니다.
- 이 책은 이런 문제를 해결하기 위해 〈책 속의 책〉으로 만든 〈학생 지도 방향과 해설·해답집〉을 책 끝에 수록했습니다. 글 쓰기에 기초 지식이 없는 학부모님과 학원 지도강사 님도 이 학생 지도 방향과 해설·해답집을 보면 초등 학생들의 글 쓰기와 논술 학습의 교육 목표가 바로 이해되며 자신감을 가질 수 있도록 구성했습니다.

7. 전문가 그룹의 집필진

- 이 책을 지으신 이경자 선생님과 이동렬 교수님은 초등 학교 교사, 교육 전문지 기자, 문화 센터 글쓰기 지도강사, 아동문학 작가, 대학 교수 등으로 오랜 기간 학생 글 쓰기 지도에 심혈을 기울여 오신 전문가 그룹의 집필진이십니다.
- 또 표지와 본문에 그림을 그려 주신 채윤남 화백과 조희정 선생님, 그리고 이 책을 기획하고 본문의 매 쪽마다 교육적 효과를 살리기 위해 〈지면 레이 아웃〉을 지도한 편집진 역시 국내 정상의 전문가 집단에서 오랜 기간 전문성을 인정받으며 일생을 살아오신 분들입니다.
- 이 책은 이런 다양한 경험과 전문성을 지닌 초등 학교 선생님, 아동문학 작가, 대학 교수, 소설가, 화가, 컴퓨터 그래픽 전문가 등이 팀을 이루어 여러 차례의 수정과 보완 작업을 거친 후 펴낸 최종 결정판입니다. 그러므로 이 책으로 글 쓰기와 논술 학습을 준비한 학생은 반드시 성공의 결실을 거둘 것입니다.

신바람 글쓰기

차례

머리말 … 8

3월의 주제 — 글쓰기와 논술의 기초

| 제1과 | **글쓰기 전에 알아두어야 할 요점**
　　— 좋은 글을 쓰기 위한 준비 … 11
　　— 글 제목 정하기와 머리 부분 쓰기 … 12
　　— 글의 끝 부분 쓰기와 다듬기 … 13
　　— 다 다듬은 글 정서하기 … 14

| 제2과 | **원고지 바르게 쓰는 법**
　　— 원고지에 글 제목 쓰기 … 16
　　— 원고지에 주소와 이름 쓰기 … 17
　　— 원고지에 다니는 학교, 이름 쓰기 … 18
　　— 원고지에 자기가 쓴 글 본문 옮겨 쓰기 … 19
　　— 원고지에 자기가 쓴 동시 옮겨 쓰기 … 20
　　— 틀린 곳 고쳐 원고지에 다시 옮겨 쓰기 실습 … 21
　　— 대화글 큰따옴표 속에 넣어 옮겨 쓰기 실습 … 22
　　— 글 제목과 주소, 이름, 바르게 옮겨 쓰기 … 23
　　— 원고지 칸 밖에 띄는 표시 하는 법 … 24

| 제3과 | **글 쓸 때 가장 많이 틀리는 말**
　　— 틀린 말 바른 말로 고쳐 쓰기 … 26

| 제4과 | **우리 토종 물고기와 풀 이름 알아보기**
　　— 자기가 본 민물고기 이름 쓰기 실습 … 28
　　— 자기가 알고 있는 풀 이름 쓰기 실습 … 29
　　— 자기가 알고 있는 꽃 이름 쓰기 실습 … 30

제3권 | 중급·낮은반

| 제5과 | 흉내말 알고 쓰기
— 흉내말 넣어 계절에 관한 글쓰기 실습 … 32
— 흉내말 넣어 쓴 보기 글 살펴보기❶ … 33
— 흉내말 넣어 쓴 보기 글 살펴보기❷ … 34
— 흉내 말 넣어 계절에 관한 글 쓰기 실습 … 35

| 제6과 | 실감나는 비유하기
— 자기가 든 비유말로 긴 줄글 쓰기 … 37
— 자기가 든 비유말로 긴 줄글 쓰기 실습 … 38
— 친구들이 쓴 글과 내가 쓴 글 비교하기❶ … 39
— 친구들이 쓴 글과 내가 쓴 글 비교하기❷ … 40

4월의 주제 — 봄 (동시쓰기❶)

| 제1과 | 봄을 주제로 한 글쓰기
— 봄을 주제로 한 자기 이야기 쓰기 … 43
— 봄을 나태내는 낱말 찾기 … 45

| 제2과 | 비유한 말로 동시 쓰기
— 비유하는 말 넣어 동시 쓰기 실습 … 47
— 친구들이 쓴 동시 감상하기 … 48

| 제3과 | 봄과 관계되는 낱말로 동시 쓰기
— 봄에 어울리는 흉내말로 동시 쓰기 실습 … 50
— 친구가 쓴 동시와 내가 쓴 동시 비교하기❶ … 51
— 친구가 쓴 동시와 내가 쓴 동시 비교하기❷ … 52

5월의 주제 — 노래하는 마음 (동시쓰기❷)

| 제1과 | 동시를 여러 가지 방법으로 쓰는 법
— 운율을 살려서 쓴 동시 감상 … 55
— 운율이 들어 있는 동시 쓰기 … 56
— 생략법으로 쓴 동시 감상하기 … 57
— 연의 뒷부분을 생략한 동시 감상하기 … 58
— 연의 뒷부분을 생략한 동시 쓰기 실습 … 59

신바람 글쓰기

— 재미있는 생각으로 쓴 동시 감상하기❶ ··· 60
— 재미있는 생각으로 쓴 동시 감상하기❷ ··· 61
— 재미있는 생각을 소재로 동시 쓰기 ··· 62

6월의 주제 — 푸른 동산(논설문쓰기 ❶)

|제1과| 바람을 소재로 한 글쓰기
— 바람을 소재로 한 동시 감상❶ ··· 65
— 바람을 소재로 한 동시 감상❷ ··· 66
— 바람을 소재로 한 동시 쓰기 ··· 67

|제2과| 산을 소재로 한 글쓰기
— 산을 소재로 한 동시 감상 ··· 69

|제3과| 토의를 통한 논설문 쓰기
— 토의장에서 나온 의견들로 논설문 쓰기 ··· 71
— 친구가 쓴 논설문 감상하기 ··· 72

|제4과| 얼개 짜서 글쓰기
— 친구가 짠 얼개도 살펴보기 ··· 75
— 친구들이 쓴 생활문 감상하기 ··· 76
— 생활문 얼개도 짜기 실습 ··· 78
— 얼개도 보고 생활문 쓰기 실습 ··· 79

7월의 주제 — 여름(논설문쓰기 ❷)

|제1과| 여름과 관계되는 글감 잡기

제3권 | 중급·낮은반

― 대화하는 글과 자세하게 묘사하는 글 … 85
― 길게 쓴 줄글 서로 견주어 보기 … 86
― 조목조목 이유 들어 논설문 쓰기 … 87
― 조목조목 이유 들어 논설문 쓰기 실습 … 88
― 이유들어 쓴 논설문 분석하기 … 89
― 재미있는 낱말 놀이 퍼즐 … 90

8월의 주제 ― 휴가

|제1과| **여름에 있었던 경험을 소재로 한 글쓰기**
― 자신의 경험담을 소재로 한 글 감상하기 … 93
― 글의 내용을 분석하여 요점 간추려 쓰기 … 94
― 자신의 경험담으로 긴 글 쓰기 실습 … 95
― 동시 읽고 연별 줄거리 요약하기 … 98
― 휴가 기간의 경험담으로 얼개도 짜기 실습 … 99
― 얼개도에 짠 내용으로 동시 쓰기 실습 … 100

|제2과| **기행문은 여행지에서 보고 듣고 느낀 점을 여행 일정에 따라 써야**
― 기행문 얼개도 짜기 실습 … 102
― 얼개도에 짠 내용으로 기행문 쓰기 실습 … 103

|제3과| **자기 생각과 주장을 펼치는 논설문 쓰기**
― 토론 할 때 주의하여야 할 요점 … 107
― 자기 생각과 주장을 펼친 논설문 감상하기 … 108
― 자기 생각과 주장을 펼친 논설문 쓰기 실습 … 109

어린이 동시 작품 공모 요강 및 지정 원고지 … 113

책 속의 책 ― 내 아이를 선생님처럼 가르칠 수 있는
학생 지도 방향과 해설 · 해답집

지도하시는 선생님과 학부모님께

　요즘 들어 글쓰(짓)기에 대한 관심이 부쩍 늘었습니다. 이는 초등 학교에서 시험 보는 횟수가 차츰 줄어들고 서술형 문제가 많이 출제되기 때문이며, 중·고등 학교에서도 주관식 문제나 논술형 문제로 시험을 치르는 영향이지요. 그리고 무엇보다 큰 이유는 대학 입시에서 논술 고사를 보는 학교가 많아져서 그렇지요.

　그런데 글이 말하는 것처럼 술술 써질 수는 없을까요? 이것은 누구나 이루어졌으면 하는 바람이지요. 그러나 바란다고 뜻대로 되는 것은 아니니 그저 꾸준히 연습하는 수밖에요.

　하지만 글의 종류가 많고 짜임도 글의 종류에 따라 복잡해 무조건 연습만 한다고 금세 효과를 보는 것은 아니랍니다. 이 책은 그런 걱정을 덜고자 두 사람이 교직 생활, 교육 전문지 기자 생활, 여러 문화 센터 지도 강사 생활의 경험을 바탕으로 지루한 이론 위주에서 벗어나 연습 문제 중심으로 엮었습니다. 책을 꾸밀 때 초등 학교 '쓰기' 책 12권을 모두 분석하여 꼭 필요한 내용들만 활용하여 엮었고, 그 후 교육 과정 개정 때마다 바뀌는 내용들을 추가로 보충하여 왔습니다.

　그렇기 때문에 현장에서 지도하시는 선생님과 학부모님들이 이 책으로 학생들을 단계별로 지도하면 자기도 모르게 전문가가 될 수 있을 것입니다. 또한 어린이 혼자 스스로도 재미있게 글쓰기 공부를 해나가기도 한결 쉬울 것입니다.

　많은 참고 바랍니다.

2005년 겨울에
지은이 이 동 렬 씀

3월의 주제

글쓰기와 논술의 기초

글쓰기와 논술의 기초

공부한 날
월   일

〈제1과〉
글쓰기 전에 알아두어야 할 요점

 **글쓰기 공부는 왜 필요할까요?**

우리는 살아가면서 말과 글로 우리의 생각이나 감정을 표현합니다. 그 중에서 글은 말보다 오래 보존할 수 있어 글로 기록합니다. 하지만 글을 말처럼 술술 쓰기란 쉽지 않지요.

우리가 이처럼 어려운 글쓰기를 굳이 배우는 이유는 글쓰기를 함으로써 우리의 삶을 풍부하게 가꿀 수 있기 때문입니다.

그리고 우리의 생각과 느낌을 조리 있게 글로 나타냄으로써 글쓰는 기쁨을 느끼는 것은 물론, 우리의 경험이나 지식을 남에게 알려 주는 보람된 일을 할 수 있기 때문입니다.

 **글쓰기 공부를 하면 어떤 점이 좋을까요?**

(1) 옳고 그름을 분별하여 생각하는 힘을 키울 수 있습니다.
(2) 사회에 참가하는 마음과 정신을 높일 수 있습니다.
(3) 자기 자신의 생각을 깊게 할 수 있습니다.
(4) 기쁨과 즐거움을 맛볼 수 있습니다.
(5) 자신감을 가질 수 있습니다.

좋은 글을 쓰기 위한 준비

 **어떤 글이 좋은 글일까요?**

(1) 거짓 없이 솔직하게 쓴 글입니다.
(2) 재미있는 글입니다.
(3) 감동을 주는 글입니다.
(4) 이해하기 쉽게 쉬운 말로 쓴 글입니다.
(5) 정확한 낱말을 골라 쓴 글입니다.
(6) 알맞은 비유를 한 글입니다.
(7) 자기만의 개성이 있는 글입니다.
(8) 문장 부호, 문법, 맞춤법 등이 어긋나지 않은 글입니다.
(9) 짜임새 있게 쓴 글입니다.
(10) 문장이 간결한 글입니다.
(11) 글 내용이 읽는 이에게 잘 전달되게 쓴 글입니다.

 **좋은 글을 쓰려면 어떻게 해야 할까요?**

(1) 남의 글을 많이 읽어야 합니다.
(2) 스스로 글을 많이 지어 봐야 합니다.
(3) 많이 생각해야 합니다.
(4) 생각나는 것을 메모하는 습관을 가져야 합니다.
(5) 자세히 관찰하고 조사하는 습관을 길러야 합니다.

아름다운 우리말 이야기

문 선생님은 웃으실 때 뺨에 오목하게 들어가는 자국이 생깁니다. 이것을 세 글자로 표현하자면 무엇이라고 부를까요?
답 해답은 112쪽에 있습니다.

글 제목 정하기와 머리 부분 쓰기

공부한 날   월   일

 **글쓰기는 어떤 순서로 해야 좋을까요?**

생각을 잡고 주제가 선정되었으면 소재를 선택하여 정리합니다. 그리고 그 정리한 내용을 가지고 글의 얼개를 짜고 그것에 따라 글쓰기에 들어갑니다. 이렇게 쓴 글이 초고입니다. 아직 완성된 원고가 아니라는 뜻이지요.
글쓰기는 대개 ① 머리 부분 쓰기 ② 본문 쓰기 ③ 끝부분 쓰기 ④ 퇴고(초고 고치기) ⑤ 정서(깨끗이 옮겨 쓰기) 순서로 이루어집니다.

제목 정하기

글의 제목은 사람의 얼굴과 같아서 매우 중요합니다. 제목은 그 글의 내용과 성격을 직접으로든 간접으로든 드러낼 수 있는 것으로 정해야 합니다.

머리 부분 쓰기

❶ 머리 부분을 쓸 때는,
- 읽는 이가 흥미를 갖게끔 써야 합니다.
- 글을 읽고 싶은 마음이 들게 써야 합니다.
- 앞으로 펼쳐질 글의 내용을 짐작할 수 있도록 써야 합니다.

❷ 또 머리 부분을 쓰는 방식은,
- 사실을 직접 설명하는 방식으로 씁니다.
- 글의 목적이나 내용, 방법을 소개하는 방식으로 씁니다.
- 자기 자신을 솔직하게 고백하는 방식으로 씁니다.
- 글의 주제를 밝히는 방식으로 씁니다.
- 짤막하고, 새로운 어구나 사항 등을 인용하는 방식으로 씁니다.
- 관련되는 이야깃거리를 시작하는 방식으로 씁니다.
- 용어의 뜻을 정의하는 방식으로 씁니다.

본문 쓰기

본문에서는 전하고자 하는 내용을 길게 씁니다. 이 단계에서는 갈등이 일어나며 사건이 본격적으로 전개됩니다.

글의 끝 부분 쓰기와 다듬기

공부한 날
월   일

갈등이 보다 발전되어(위기) 최고조에 올랐다가(절정) 해결로 나가는 단계입니다. 본문에 절정이 들어가면 이야기가 더욱 재미있게 됩니다.

끝 부분 쓰기

끝 부분은 '결말'이라고도 하는데, 글의 끝마무리를 하는 부분입니다. 이 부분에서는 이제까지 말한 내용을 한데 모아 요약하거나 본문의 내용을 정리하기도 합니다. 좋은 결말을 맺기 위해서는,
- 본문을 요약하는 방식으로 씁니다.
- 본문에 따른 자신의 생각이나 의견을 내보이는 방식으로 씁니다.
- 앞에서 말한 내용을 요약하고, 자신의 의견을 덧붙이는 방식으로 씁니다.
- 앞에서 논의한 내용과 관련하여 전망을 제시하는 방식으로 씁니다.

다 쓴 글 다듬기

다 쓴 글을 다시 읽어 보며 잘못된 곳을 고치고 다듬는 것을 '퇴고'라고 합니다.

① 퇴고의 요령
- 자기가 생각한 주제가 제대로 나타났는가?
- 제목과 소재가 잘 어울리는가?
- 글이 단계별로 잘 이어져 있는가?
- 각 문장의 내용이 정확히 나타나 있는가?
- 앞의 문장과 뒤의 문장과의 관계가 분명한가?
- 용어가 정확하게 사용되었는가?
- 독자에게 잘못 읽힐 만한 곳은 없는가?
- 맞춤법에 어긋난 곳은 없고, 문장 부호는 바르게 쓰였는가?

명태의 여러 가지 호칭

문 어부들이 바다에서 잡아 올려 말려 놓은 명태를 북어라고 합니다. 그리고 겨울에 얼려 놓은 명태는 동태라고 부릅니다. 그럼 얼리지 않은 싱싱한 명태는 뭐라고 부를까요?
답 해답은 112쪽에 있습니다.

다 다듬은 글 정서하기

공부한 날
월   일

② 원고지 고칠 때 쓰는 부호

부호	쓰이는 경우
∨∧⌒⌐⌐⌒⊂⊃╱╲∽◯	빠진 말을 넣을 때 잘못 띄운 것을 붙일 때 잘못 붙여 쓴 것을 띄울 때 줄 바꾸기를 표시할 때 글 순서를 바꿀 때 글자를 앞(왼쪽)으로 내밀 때 글자를 뒤(오른쪽)로 당겨들일 때 틀린 글자를 바르게 고칠 때 필요 없는 것을 빼낼 때 줄을 이을 때 여러 글자를 고칠 때

정서하기

정서는 다 다듬은 글을 원고지 따위에 깨끗이 옮겨 쓰는 것을 말합니다.
정서를 하는 이유는 읽는 이가 원고를 힘들이지 않고 읽을 수 있게 하기 위한 것입니다. 정서를 할 때는 ①맞춤법, ②띄어쓰기, ③문장 부호 사용, ④원고지 사용법에 주의하면서 틀리지 않게 써야 합니다.

'민' 자가 붙는 우리말 이야기

문 소매가 없는 여자들의 웃옷을 민소매라고 합니다. 그리고 우리가 매일 쓰는 수돗물이나 강, 호수 등에 있는 짜지 않는 물을 민물이라고 합니다. 또 머리카락이 빠져 대머리가 된 아저씨들의 머리를 민머리라고 부릅니다. 그렇다면 나무가 다 베어져 벌겋게 흙이 드러나 있는 산은 무슨 산이라고 할까요?
답 해답은 112쪽에 있습니다.

공부한 날
월   일

〈제2과〉

원고지 바르게 쓰는 법

 이제 새 학년이 시작되었습니다. 3월은 새 교실에 새 담임 선생님, 그리고 새로운 친구들과 만나는 달입니다. 또한 새 책에 새 학용품 등등 모두가 새로운 것들을 대하다 보면 누구나 마음가짐도 새로워지게 마련입니다. 이럴 때 글쓰기 공부도 새롭게 시작해야 되겠지요?
 우리가 글을 쓸 때 원고지 쓰는 법이나 문장 부호에는 크게 신경을 안 쓰는 사람들이 있는데 이는 잘못된 것입니다. 기초가 제대로 서지 않고는 결코 좋은 글을 쓸 수 없죠.

 **그럼 원고지 바르게 쓰는 법을 알아보기로 할까요?**

 우리가 글쓰기를 할 때는 대부분 원고지를 사용하죠. 아마 앞으로 컴퓨터가 더 많이 보급되면 원고지도 없어질지 모르는 일이지만 지금은 원고지에다 글을 쓰는 경우가 더 많지요.
 이 때 글은 200자 원고지에다 쓰기 마련인데 원고지가 꼭 200자 원고지만 있는 것은 아니랍니다. 400자, 600자, 1,360자 등등 필요에 의해서 만들면 되는 거예요. 그러나 초등 학교에서 글쓰기 공부를 할 때는 거의 200자 원고지만 사용한답니다.

오늘 할 공부 원고지에 글 제목 쓰기

공부한 날
월   일

🙂 글을 원고지에 쓰는 이유
① 글을 원고지에 쓰면 글의 길이와 분량을 금방 알 수 있기 때문입니다.
② 글을 쓰기에 편리하기 때문입니다.
③ 글을 읽기에 편리하기 때문입니다.
④ 틀린 곳을 쉽게 찾아내어 고치기가 쉽기 때문입니다.

🙂 원고지를 쓸 때 전체적으로 주의할 점
① 한 칸에 한 글자씩 씁니다. 그러나 영어의 알파벳 소문자와 아라비아 숫자 등은 한 칸에 두 자씩 씁니다.
② 문장 부호도 한 칸씩 차지하도록 씁니다(온점이나 반점의 경우에는 예외 사항이 있음).
③ 글이 시작될 때나 문단이 시작될 때는 그 줄의 첫칸은 반드시 비우고 둘쨋칸에서부터 씁니다.
④ 큰따옴표나 작은따옴표를 사용할 때도 둘쨋칸에서부터 시작합니다.
⑤ 큰따옴표나 작은따옴표 안의 말을 여러 줄 쓸 때는 그 줄 수만큼 각 줄마다 첫 칸을 다 띄웁니다.
⑥ 원고지 줄의 맨 끝에 비울 칸이 없을 때에는 맨 끝 자 다음에다가 띄는 표시인 띄움표(∨)를 하고 다음 줄의 첫째칸에서부터 이어 씁니다.
⑦ 문장 부호 중 온점만 아랫칸에 쓰게 될 때는 그냥 윗줄 맨 끝 칸에 글자와 함께 씁니다.

🙂 원고지에 제목 쓰기
① 글의 제목은 둘쨋줄 가운데에다 씁니다.
　이 때 제목 끝에는 '~다, ~자' 등으로 끝나도 온점(.)을 찍지 않습니다.
② 제목을 둘쨋줄 가운데 오게 쓰는 방법은 이렇습니다.
　제목을 둘쨋줄 가운데 오게 하기 위해서는 다음과 같은 공식을 사용하여 빈 칸 수를 계산해 냅니다.

　　20 − (제목이 차지하는 칸수) = 총 빈 칸수
　　총 빈 칸수 ÷ 2 = 한 쪽에 남길 빈 칸수

원고지에 주소와 이름 쓰기

공부한 날
월   일

이 때 제목이 차지하는 칸수가 홀수일 때는 남는 한 칸은 앞, 뒤 아무 쪽에나 보태 줘도 상관없습니다.

⑦	⑥	⑤	④	③	②	①	개	미	와		나	방	이	⑥ ⑤ ④ ③ ② ①

주소와 이름 쓰기

제목을 쓴 다음줄에서부터 주소를 쓰고, 그 다음줄에 이름을 써야 합니다. 학교와 학년, 반을 쓰는 방법은 '서울 한강 초등 학교', '서울한강초등학교', '6의 5', '6학년 5반', '제6학년 5반', '6—5' 등 여러 가지가 있습니다. 또 한 줄에다 학교, 학년, 반을 함께 쓰는 방법, 줄을 바꿔 쓰는 방법 등이 있습니다. 그리고 주소와 이름 뒤에 띄는 칸수도 다 다릅니다.

여기서는 초등 학교 교과서(쓰기)에 나오는 예를 따르기로 하겠습니다.

❶ 학교 이름은 제목 바로 다음줄 오른쪽에다 씁니다.

이 때 뒤에서부터 세 칸 비웁니다. 그리고 학교 이름은 붙여 써도 좋고 띄어 써도 괜찮습니다. 다만, 다른 곳에도 같은 이름의 학교가 있을 수 있기 때문에 학교 앞에 행정 구역 이름을 꼭 써야 합니다. 행정 구역과 학교 이름 사이는 한 칸 띄어 씁니다.

〈보기1〉 학교 이름을 붙여 쓴 경우

						동	생					
			서	울	개	명	초	등	학	교	③ ② ①	

원고지에 다니는 학교 이름 쓰기

공부한 날
월   일

〈보기2〉 학교 이름을 띄어 쓴 경우

				동	생				
	서	울	개	명	초	등	학	교 ③	② ①

〈보기3〉 군 지역의 학교

				동	생				
	경 기 도		양 평 군		양 동 초 등 학 교 ③	② ①			

❷ 학년과 반, 이름은 학교를 쓴 바로 다음줄 오른쪽에 씁니다.
이 때 학년과 반 사이는 한 칸 띄어 씁니다. 그리고 이름 다음에는 뒤에서부터 두 칸 비웁니다. 이름을 쓸 때 이름과 성은 붙여 씁니다. 다만 꼭 구분할 필요가 있을 때는 띄어 씁니다.(예, 남궁 련 / 남 궁련)

〈보기4〉 7차 교육 과정 5학년 1학기 쓰기책 40, 41쪽에 나온 예

				아	기				
			대	구	대 구 초 등 학 교 ③	② ①			
			4	학 년	8	반	송	슬 기	

18 신바람 글쓰기

원고지에 자기가 쓴 글 본문 옮겨 쓰기

공부한 날
월   일

🙎 본문 쓰기

① 본문은 이름을 쓴 다음줄을 다 비우고 둘쨋칸 그 다음줄부터 쓰기 시작합니다.
② 이 때 첫칸은 반드시 비우고 둘쨋칸에서부터 써야 합니다.
③ 줄을 바꿔 문장을 처음 시작할 때도 첫칸을 비웁니다.

```
                못 생 긴     사 람
   경 기 도   양 평 군   양 동   초 등   학 교
                        5 학 년   이 솔 빛

   어 제   있 었 던   일 이 다 .
   나 는   우 리   집 에   오 다 가   냇 가 에 서   아
주   못 생 긴   사 람 을   봤 다 .   물 그 림 자 였 다 .
   내   친 구   동 렬 이 는
   " 야 ,   나 보 다   좀   그 렇 다 ."
```

```
라 고   웃 지   않 고   말 하 며   눈 을   찡 끗 했 다 .
   나 는   웃 으 면 서   크 게   말 했 다 .
   " 너 ,   정 말 !   내 가   이 를   거 야 ."
   그 러 자   동 렬 이 는   손 을   싹 싹   비 비 는
```

아름다운 우리말 이야기

문 제 누나는 라디오에서 좋아하는 가수의 노래가 나오면 발을 까닥거리면서 장단을 맞추는 시늉을 합니다. 이것을 세 글자로 표현하자면 무엇이라 할까요?
답 해답은 112쪽에 있습니다.

원고지에 자기가 쓴 동시 옮겨 쓰기

공부한 날
월   일

동시 쓰기

① 동시를 쓸 때는 각 행마다 첫칸을 비웁니다.
② 동시를 쓸 때 연과 연 사이는 한 줄을 비웁니다.
③ 동시를 쓸 때 연의 끝이 원고지 마지막 줄에서 끝나면 둘쨋장 첫줄을 비웁니다.

〈보기〉 동시

```
                    철 쭉 꽃
              광 주     일 산 초 등 학 교
              4 학 년   1 반     장 남 호


  공 원 에
  활 짝   폈 던
  철 쭉 꽃 이   지 기   시 작 했 다 .
  할 머 니 가   꽃 을   보 고
  한 숨 을   쉬 신 다 .
```

발렌타인데이가 뭐예요?

문 〈신바람 글쓰기〉 교실에서 원고지 쓰기 공부를 하던 한 어린이가 "선생님, 발렌타인데이가 뭐예요?" 하고 물었습니다. 그러자 선생님은 "발렌타인데이는 양력 2월 14일 여자들이 남자 친구에게 초콜릿을 선물하며 사랑을 고백하는 날이란다." 하고 대답해 주었습니다. 그러자 한 어린이가 다시 물었습니다. "선생님, 그러면 남자들이 여자 친구에게 초콜릿을 선물하며 사랑을 고백하는 날은 없습니까?" 하고 물었습니다. 어린이 여러분이 선생님이라면 어떻게 대답하겠습니까? 자기의 생각을 말해 보세요.

답 해답은 112쪽에 있습니다.

틀린 곳 고쳐 원고지에 다시 옮겨 쓰기 실습

공부한 날 월 일

종합 실습

❶ 틀린 곳을 바르게 고쳐서 원고지에 써 봅시다.

```
      "떡 중에서   제일  급하게  먹는  떡은
무슨  떡입니까?
      세계에서   제일  큰  코는?
      세계  최초의  수의과  의사는?
      세계  최초의  다이빙  선수는?
팔넷달린사람많이  사는  라나는?
"아이쿠머니나!  등에  뿔난  도깨비는  처
음  보네."
      어머니께서  나를  보셨다.  그런데도
나는  달려  갈수가  없었습니다!
```

21

 대화글 큰따옴표 속에 넣어 옮겨 쓰기 실습

공부한 날
월   일

❷ 다음 글을 읽고 대화글에다 큰따옴표 표시를 한 후, 아래 원고지에 바르게 옮겨 써 봅시다.

어머니께서는 얼굴을 붉히면서 네가 내 자식이냐? 내 자식인데 그렇게 엉터리야! 라고 소리치셨습니다.

 잠깐만! 도우미

1. 글을 원고지에다 쓰는 이유
   ① 글의 길이와 분량을 금방 알 수 있기 때문입니다.
   ② 글을 쓰기에 편리하기 때문입니다.
   ③ 글을 읽기에 편리하기 때문입니다.
   ④ 틀린 곳을 빨리 찾아내어 고치기가 쉽기 때문입니다.

2. 원고지 쓸 때 주의할 점
   ① 한 칸에 한 자씩 씁니다. 다만 숫자와 영어 소문자는 한 칸에 두 자씩 씁니다. 그리고 온점(.)과 반점(,) 등을 다른 작은따옴표(' '), 큰따옴표(" ") 등과 같이 쓰게 되는 경우에는 한 칸에 두 부호를 같이 씁니다.
   ② 제목은 둘쨋줄 가운데에다 씁니다.
   ③ 학교 이름은 제목 바로 아랫줄에 쓰되, 뒤에 세 칸(정도)이 남도록 씁니다. 이 때 앞에 '서울특별시', '경기도'와 같은 행정 구역 이름을 꼭 써야 합니다.
   ④ 학년과 반, 이름은 학교 이름을 쓴 다음줄에 쓰되, 이름 뒤에 두 칸 남게 씁니다. 이

글 제목과 주소, 이름, 바르게 옮겨 쓰기

공부한 날
월   일

때 대개 한 줄로 쓰는데 학년과 반 사이는 띄어 써야 합니다. 번호는 같은 반에 똑같은 이름이 두 명 이상 없을 때에는 쓰지 않습니다.
⑤ 이름을 쓸 때 '남궁숙'처럼 성이 어디까지인지 모를 때는 성과 이름을 구분해 띄어 쓰지만, 그렇지 않은 경우는 붙여 씁니다.
⑥ 이름 다음줄은 언제나 한 줄 비웁니다.
⑦ 처음 글을 시작할 때나 문단을 바꿔 시작할 때는 첫칸을 반드시 비우고 둘쨋칸부터 씁니다.
⑧ 큰따옴표로 쓰는 대화체나, 작은따옴표로 쓰는 속으로 생각한 말은 그 말이 끝날 때까지 몇 줄이라도 첫칸을 다 띄어 씁니다.
⑨ 동시는 각 줄마다 첫칸을 띄우고 씁니다.

앞의 〈잠깐만 도우미〉의 말대로 다음 〈보기 글〉의 제목과 주소, 그리고 이름을 원고지 사용법에 맞게 여러분의 원고지에 고쳐 써 보세요.

보기 글

		①	수	수	께	끼								
								②	서	울	제	일	초	등	학	교
								③	제	4	학	년	6	반	35	번
								④	진		달		래	
⑤	나	는		아	빠	와		수	수	께	끼		시	합	을		했	다	.
	"	이		세	상	에	서		제	일		빠	른		새	가		무	슨
	새	게	요	?	"										
⑦	내	가		먼	저		아	빠	한	테		문	제	를		냈	다	.	⑧ 그
	런	데		아	빠	가		대	답	을		못	하	셨	다	.

원고지 칸 밖에 띄는 표시 하는 법

공부한 날
월   일

👨‍🎓 앞의 〈보기 글〉 중 번호를 매긴 줄은 어딘가가 잘못 쓰여진 데가 있어요. 그리고 아래 쓴 원고지 글과 자기가 쓴 글을 맞춰 보세요.

						수	수	께	끼					
				서	울		제	일		초	등		학	교
					제	4	학	년		6	반		진	달	래
	나	는		아	빠	와		수	수	께	끼		시	합	을		했	다	.
	"	이		세	상	에	서		제	일		빠	른		새	가		무	슨
새	게	요	?	"										
	내	가		먼	저		아	빠	한	테		문	제	를		냈	다	.		그
런	데		아	빠	가		대	답	을		못	하	셨	다	.

백일장이 뭐예요?

어느 날 〈신바람 글쓰기〉 교실에서 공부를 하던 한 어린이가 "선생님, 백일장이 뭐예요?" 하고 물었습니다.

선생님은 "날이 밝은 대낮에 집 바깥의 큰 마당이나 야외에서 글재주를 겨루는 일을 백일장이라고 한단다." 하고 대답해 주었습니다. 그러자 또 한 어린이가 "선생님, 그런 백일장은 언제부터 생겼어요?" 하고 물었습니다.

선생님은 잠시 생각하다가 "백일장은 조선 시대부터 시작된 글재주 겨루기 대회란다." 하고 대답해 주었습니다.

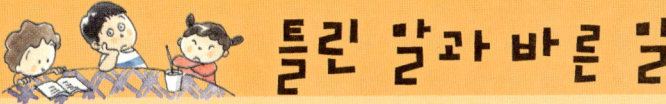

틀린 말과 바른 말

공부한 날 월 일

함께 생각해 봅시다.

<제3과>

글 쓸 때 가장 많이 틀리는 말

🏠 틀린 말과 바른 말을 잘 알아 둡시다.

틀린 말	바른 말	틀린 말	바른 말
바램	바람	안 돼는	안 되는
파리때	파리떼	꺽어지는 대를	꺾어지는 데를
제촉	재촉	—이였어	—이었어
팽겨칩니다	팽개칩니다	?!	하나만 쓸 것
왠일	웬일	텔레비젼	텔레비전
디게	되게	모야?	뭐야?
예뿌다	예쁘다	산책하는 샘 치고	산책하는 셈 치고
어려울 껄	어려울 걸	삐지다	삐치다
갈 꺼야	갈 거야	뒤로 한 체	뒤로 한 채
끌어앉았습니다	끌어안았습니다	코를 곯다	코를 골다
어깨에 매고	어깨에 메고	채취	체취(몸 냄새)
바바	봐봐	웃긴다	웃긴다
맘니다	맙니다	눈에 띤다	눈에 띈다
나눕니다	나눕니다	너가	네가
안녕하세여	안녕하세요	해어지다	헤어지다(이별)

틀린 말 바른 말로 고쳐 쓰기

공부한 날 월   일

틀린 말	바른 말	틀린 말	바른 말
갈가먹어서	갉아먹어서	육십아홉살(69세)	예순아홉 살
TV 키다	TV 켜다	멤돌며	맴돌며
안 되	안 돼	밤을 셌다	밤을 샜다
됬냐?	됐냐?(되었냐의 준말)	않갔다	안 갔다
세끼줄	새끼줄	솓아오르는	솟아오르는
오뎅	어묵	김 씨	김씨
애매하다	모호하다	이동렬씨	이동렬 씨
꽉 지고	꽉 쥐고	꺼림찍하다	꺼림칙하다
1루	하루	찌게	찌개
2틀	이틀	베낭	배낭
5섯	다섯	내노라	내로라

🎓 틀린 말을 바른 말로 고쳐 보세요.

틀린 말	바른 말	틀린 말	바른 말
욱큼		발자욱	
덩쿨		오손도손	
이튼 날		프랑카드	
장마비		산모룽이	
베게		꽃봉우리	
계시판		산봉오리	
우리 말		오이소배기	

토종 물고기와 풀 이름

공부한 날 월 일

〈제4과〉

우리 토종 물고기와 풀 이름 알아보기

    우리는 한반도에 사는 배달의 민족입니다. 그런데 어찌 된 일인지 우리는 우리 것을 자꾸 잃어가고 있습니다. 또 잊어 가고 있습니다.

    까만 눈과 까만 머리, 작은 몸뚱이는 분명히 한민족인데 생각과 행동은 서양인인 것입니다. 우리의 강과 내에서 자라는 민물고기는 잘 모르면서 서양 물고기의 종류는 잘 압니다. 또 우리의 들과 산에 지천으로 피어 있는 들꽃은 모르면서 외국 꽃은 잘 압니다. 우리네 나무나 풀 이름은 알려고도 안 하면서 외국의 것들은 아는 체를 하려고 합니다.

    그뿐이 아닙니다. 우리 고유의 음식인 된장, 고추장, 김치는 냄새가 난다고 싫어하면서, 외국의 햄버거·핫도그·피자 등은 그 종류와 맛까지도 기가 막히게 구분해 냅니다. 그리고 거리의 간판과 지나다니는 젊은이들이 입고 있는 옷의 상표를 보면 외국에 나와 있는 느낌입니다.

    그렇게 해야 유식한 것이 아닙니다. 그것은 가장 못난이들이 하는 행동입니다. 우리는 우리 것을 지켜야 합니다. 그렇지 않으면 나라가 망하고 여러분은 곧 외국인의 종노릇을 하게 될 것입니다.

    우리는 한국인입니다. 한국인은 우리의 것·재래종·토종을 지키고 가꿔 나가야 합니다. 이런 일은 어린이들도 할 수 있는 것입니다. 그런 일을 할 때 우리는 훌륭한 애국자가 되는 것이죠.

자기가 본 민물고기 이름 쓰기 실습

공부한 날
월   일

 **잠깐만!** 도우미

1. 한국의 민물고기는 총 170여 종이 있음.
2. 남한에는 150여 종이 살고 있음.
3. 무태장어, 어름치, 열목어, 황쏘가리는 천연 기념물임.
4. 민물고기들은 물의 맑기에 따라 살아가는 종류가 다름.
   ① 1급수(수정 같은 물) 버들치, 버들개, 열목어, 산천어, 금강모치, 둑중개 등.
   ② 2급수(미역을 감을 수 있는 깨끗한 물) 꺽지, 쉬리, 퉁가리, 자가사리, 갈겨니, 은어, 돌고기 등.
   ③ 3급수(흐리고 탁한 물) 잉어, 붕어, 뱀장어, 미꾸라지, 미꾸리, 동자개, 메기 등
   ④ 4급수(죽고 썩은 고약한 냄새가 나는 물) 어떤 물고기도 살지 못함.

🎓 자기가 실제 민물고기를 보고 이름을 구분할 수 있는 것을 모두 써 봅시다.

🎓 구분은 못하지만 이름은 들어 본 물고기를 모두 써 봅시다.

자기가 알고 있는 풀 이름 쓰기 실습

공부한 날
월   일

▶▶ 우리 나라 들과 산에는 많은 풀들이 나서 자라고 있습니다. 다음에 나오는 것들은 모두 우리 나라의 풀 이름입니다.

> 쑥·질경이·약모밀·삼백초·족두리풀·쥐방울덩굴·홀아비꽃대·미나리냉이·범꼬리·호범꼬리·패랭이꽃·동자꽃·분홍장구채·점나도나물·복수초·투구꽃·가는돌쩌귀·놋젓가락나물·종동굴·동의나물·노루귀·매발톱꽃·으아리·삼지구엽초·깽깽이풀·금낭화·피나물·바위솔·돌꽃·비름·명아주·바랭이·강아지풀·돌단풍·노루오줌·바위취·괭이눈·끈끈이주걱·오이풀·양지꽃·이질풀·쥐손이풀·괭이밥·물봉선·제비꽃·꽃다지·달맞이꽃·섬바디·물레나물·만병초·앵초·좁쌀풀·용담·메꽃·산박하·광대나물·망초·초롱꽃·골풀·모싯대·잔대·인동·미치광이풀·체꽃·솜다리·엉겅퀴·곰취·수리취·머위·쑥부쟁이·구절초·천남성·둥굴래·무릇·붓꽃·냉이 등등

🏠 위 풀 중에서 이름을 들어서 자기가 알고 있는 것은 어떤 것들입니까?

자기가 알고 있는 꽃 이름 쓰기 실습

공부한 날
월   일

🎓 위 풀 중에서 자기가 눈으로 그 생김새를 알아보고 구분할 수 있는 것은 어떤 것들입니까?

🎓 우리가 먹는 곡식의 이름을 아는 대로 적어 봅시다.

🎓 꽃밭에 가니 꽃들이 많았습니다. 꽃은 언제 보아도 즐겁습니다. 자기가 아는 꽃 이름을 모두 적어 봅시다.

〈제5과〉

흉내말 알고 쓰기

우리가 글을 쓸 때 제일 먼저 부담을 느끼는 문제가 글의 길이를 길게 못 쓴다는 것입니다. 적어도 4학년 이상을 기준으로 봤을 때 원고지 일곱 장 정도는 아무 부담 없이 쓸 수 있는 능력이 있어야 되겠습니다.

그런 다음에는 문학적인 표현을 잘해야 되겠습니다. 문학적인 표현을 하는데는 그 상황에 딱 들어맞는 흉내말을 쓰는 것과 멋진 비유를 하는 방법이 있습니다. 초등 학교 글쓰기에서는 어느 정도 기본이 되어 있으면 이 두 가지만 잘 익히면 글을 잘 쓴다는 소리를 들을 수 있습니다.

그럼 우선 흉내말 쓰는 연습부터 해 볼까요? 흉내말은 소리를 흉내낸 말과 모습이나 모양을 흉내낸 말이 있습니다.

🏠 다음에 든 흉내말을 넣어 계절에 관한 글을 32쪽의 원고지에 2장 정도로 써 보세요. 예로 들지 않은 말을 더 사용해도 괜찮으며, 순서는 바꿔어도 됩니다.

 뾰족뾰족, 나풀나풀, 훨훨, 발긋발긋, 동동동, 뒤뚱뒤뚱

# 흉내말 넣어 계절에 관한 글쓰기 실습

흉내말 넣어 쓴 보기 글 살펴보기 ❶

공부한 날
월   일

🏠 친구들이 쓴 보기 글을 꼼꼼하게 살펴 봅시다.

여름

인천 부내 초등 학교
제4학년 1반 임혜진

똘똘똘 소리를 내면서 겨우내 쌓였던 눈이 녹던 봄이 지나갔습니다. 뾰족뾰족 솟아난 새싹들이 자라서 꽃을 피웠습니다. 그 꽃 사이를 나비가 훨훨 날아다닙니다. 그 뒤를 손에 아주 조그맣고 발긋발긋한 흉터가 있는 소녀가 머리를 나풀나풀 흩날리며 쫓아갑니다.

한쪽에서는 귀여운 꼬마와 철없는 장난꾸러기 동생이 잔디밭에서 네잎 클로버를 찾고 있습니다. 그러다가 짜증이 난 동생이 발을 동동동 구릅니다.

조그만 호숫가에는 엄마오리, 아빠오리와 여러 마리의 새끼오리가 뒤뚱뒤뚱 어딘가를 향하여 걸어갑니다. 이 풍요로운 풍경을 흰구름이 말없이 내려다보았습니다.

봄

경기도 부천시 중흥 초등 학교
제4학년 7반 임유진

봄이 되었습니다. 벌써부터 새싹은 뾰족뾰족 나오려고 고개를 내밀고 얼음 녹은 물이 똘똘똘 노래를 부르며 흘러갑니다. 나비는 들판에서 꽃들에게 뽐을 내며 날아다니고, 나비를 잡으려고 아기는 뒤뚱뒤뚱 그 뒤를 쫓아갑니다. 꼭 그 모습이 고양이가 생쥐를 쫓는 모습 같습니다. 오리는 연못 위에 동동동 떠다니다가 그 모습을 보고 깔깔깔 웃습니

흉내말 넣어 쓴 보기 글 살펴보기 ❷

공부한 날
월   일

다. 모든 것이 매우 아름답습니다.
　한 쌍의 나비가 훨훨훨 봄 구경을 하러 나왔다가 다시 박자에 맞추어서 함께 나풀나풀 날아갑니다. 그 모습은 꼭 아름다운 한 쌍의 부부 같습니다.
　방긋방긋 웃던 아기도 나비 잡는 것을 포기하고 지쳐 들판에서 새근새근 잠이 듭니다. 그 모습을 보고 발긋발긋 터지려던 진달래 봉오리가 고개를 바람에 살랑살랑 흔듭니다.

사계절

서울 구로 초등 학교
제4학년 3반 신미연

　사계절은 요술쟁이. 봄에는 나풀나풀 날아다니는 나비와 친구 되잖아. 나도 나비랑 친구가 되고 싶은데.
　또 여름에는 뭉게뭉게 피어나는 구름이랑 친구 되잖아. 나도 뭉게뭉게 피어나는 구름이랑 친구 되고 싶은데.
　그리고 가을에는 발긋발긋 단풍잎이랑 훨훨 날아가는 연이랑 친구가 되잖아. 나도 단풍잎이랑, 연이랑 친구가 되고 싶은데.
　마지막으로 겨울에는 처마에 뾰족뾰족 고드름이랑, 물위에 동동동 떠워진 얼음이랑 친구가 되잖아. 나도 고드름이랑 친구가 되고 싶다.
　사계절은 요술쟁이.

흉내말 넣어 계절에 관한 글 쓰기 실습

공부한 날 월 일

🏠 나도 친구들처럼 흉내말을 넣어 계절에 관한 글을 15줄 정도 써 봅시다.

➡➡ 내가 쓴 글

오늘할 공부 **비유말**

공부한 날
월   일

〈제6과〉

실감나는 비유하기

앞에서 흉내말 쓰기에 대해 공부했습니다. 이번에는 멋진 비유를 해서 글의 참맛이 나게 하는 공부를 하기로 하겠습니다.

의성어·의태어(흉내말)를 잘 쓰면 글의 리듬감을 살릴 수 있을 뿐 아니라 읽는 이로 하여금 아주 실감나게 합니다. 그런데 거기에다가 그 상황이나 생김새 등을 아주 적절한 비유로 표현한다면 더욱 수준 높은 글이 될 것입니다.

초등 학교에서는 대부분의 학생들이 원고지 일곱 장이나 여덟 장을 쓸 수 있는 능력 기르기에도 벅찬 실정이라 흉내말과 멋진 비유를 한다는 게 쉽지 않습니다. 그렇기에 이런 내용을 조금만 활용할 수 있다면 그만큼 친구들보다 돋보이는 글을 쓸 수 있는 것입니다. 이 두 가지만 잘 활용하면 글도 길이가 길어지고 실감이 나서 읽는 이의 마음을 움직이게 합니다. 그러면 결국 감동 받는 글이 되고, 감동을 준다면 좋은 글이 되는 것입니다.

그럼, 비유법에 대해서 공부를 더해 보기로 할까요?

아름다운 우리말 이야기

문 콩이나 팥과 같은 콩과식물의 여러 알갱이가 들어 있는 껍질 하나하나를 세 글자로 표현하면 무엇이라고 부를까요?
답 해답은 112쪽에 있습니다.

36 신바람 글쓰기

자기가 든 비유말로 긴 줄글 쓰기

공부한 날
월   일

 다음을 보기와 같이 알맞은 비유를 해 봅시다.

보기   바싹 마른 동생 ➡ 젓가락처럼 바싹 마른 동생

1. 툭 튀어나온 눈 ➡

2. 빨리 달리는 자동차 ➡

3. 맛있는 사과 ➡

4. 산등성이 ➡

5. 큰 신발 ➡

6. 아주 배고픈 배 ➡

7. 활짝 핀 꽃 ➡

8. 훌렁 벗겨진 이마 ➡

9. 둥그런 눈 ➡

10. 좍좍 쏟아지는 비 ➡

자기가 든 비유말로 긴 줄글 쓰기 실습

공부한 날 월 일

🏠 위에 자기가 든 비유한 말을 활용하여 원고지에다 두 장 정도 글을 꾸며 써 봅시다.

  친구들이 쓴 글과 내가 쓴 글 비교하기 ❶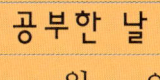

공부한 날
월   일

🏠 다른 친구들이 쓴 보기 글 〈저녁밥〉을 읽으며 자기가 쓴 글과 비교하여 보세요.

보기 글

저녁밥

인천 대정 초등 학교
제4학년 1반 신승환

우리 가족은 꿀처럼 맛있는 사과를 냠냠쩝쩝 먹었다. 그리고 차를 타고 자연 농원 구경을 갔는데, 제트기처럼 달리는 자동차는 정말 빨랐다. 가는 도중에 꽃등처럼 활짝 핀 꽃들이 바람에 살랑살랑 흔들리는 것을 보았다. 산등성이는 꼭 낙타의 등처럼 보였다.

"누나, 나 배고파!"

"그러니까 왜 사과 먹으라고 할 때는 안 먹고 지금 말해."

나는 젓가락같이 바싹 마른 동생에게 야단을 쳤다.

아버지는 안경을 오래 쓰셔서 눈이 두꺼비처럼 툭 튀어나오셨다. 그런 우리 아버지는 매우 덩치가 커서 내 가방처럼 아주 큰 신발을 신으셨다.

우리는 즐거운 나들이를 하고 왔다. 그런데 또 배가 고픈지 내 동생은 마른 오징어처럼 등가죽에 달라붙은 뱃가죽을 움직이며 숨을 쉬고 있었다.

진짜 배가 고팠는지

"꼬르륵!"

소리까지 났다.

정말로 웃음이 나면서도 즐거운 하루였다.

친구들이 쓴 글과 내가 쓴 글 비교하기 ②

🎓 다른 친구들이 쓴 보기 글 〈소풍〉을 읽으며 자기가 쓴 글과 비교하여 보세요.

소풍

인천 산곡남 초등 학교
제4학년 5반 김경아

화창한 토요일.
드디어 봄이 덮인 산으로 소풍을 가기로 해서 기분이 너무 좋은 나머지 날아갈 듯하다. 너무 흥분한 나머지 개미들의 풀장 같은 큰 신발 때문에 나도 모르게 광대처럼 쇼를 했다. 그러자 옆에 있던 동생이 얄밉게 웃었다.
우리 가족은 목표물을 노리는 맹수처럼 조심조심 뱀이 기어가는 듯한 울퉁불퉁하고 비탈진 산등성이를 지나 한 폭의 멋진 풍경화 같은 곳을 찾아냈다. 옆에는 조그마한 연못도 있었다.
그 옆에는 아이들의 웃음처럼 활짝 핀 꽃들도 우리 가족을 반겼다. 우리는 거기서 조금 놀다가 내 동생 눈이 개구리 눈처럼 튀어나온 것을 보았다. 그 이유는 내가 나무 뒤에서 놀려 주었기 때문이다. 한참을 재미있게 놀다가 갑자기
"꼬르르륵……."
하고 배에서 나는 어떤 신호 소리를 듣고 돗자리를 편 곳으로 갔다.
"엄마, 마른 오징어처럼 뱃가죽이 등에 딱 달라붙었어요. 간식 주세요."
우리는 배를 손가락으로 찔러 보이면서 얼굴을 찌푸렸다.
곧 엄마께서는 음식을 주셨다. 사과도 있었다.
배고플 때 먹는 사과는 꿀같이 달았다. 그야말로 꿀사과였다.

4월의 주제

봄

 오늘 할 공부 **봄을 노래한 동시와 산문**

공부한 날
월   일

<제1과>

봄을 주제로 한 글쓰기

   절기상으로 봄이라면 양력 2월 초순에 오는 입춘이 지났을 때부터를 말하지만 실제로 우리들이 봄기운을 피부로 느끼는 시기는 4월부터가 아닌가 합니다. 4월에는 온갖 새싹이 파름파름하게 돋아나고 나무나 풀마다 꽃이 많이 피기 때문이지요. 또한 날씨도 따뜻해 우리가 겨우내 움츠렸던 가슴을 활짝 펴는 시절이기도 합니다. 그래서 봄은 누구나 새로운 각오를 다지며 희망을 품는 계절입니다.

   이런 계절인 '봄'을 주제로 글쓰기 공부를 하려면 우선 봄과 관련된 낱말을 생각해 보는 일이지요. <보기>에 적은 낱말들을 살펴보세요.

   새싹, 진달래, 새 학년, 개나리, 봄비, 바람, 산불, 중국에서 불어오는 모랫바람 (황사 현상), 아지랑이, 봄소풍, 개구리알, 민들레꽃, 대청소, 농사 등등

아름다운 우리말 이야기

문 나지막한 산 기슭에 경사지게 나 있는 길을 무슨 길이라고 부를까요?
답 해답은 112쪽에 있습니다.

봄을 주제로 한 자기 이야기 쓰기

공부한 날
월   일

🏠 42쪽 〈보기〉에 든 말처럼 여러분도 〈봄〉하면 떠오르는 낱말을 열 개 이상 적어 봅시다.

①　　　　　　　② 　　　　　　　③
④　　　　　　　⑤ 　　　　　　　⑥
⑦　　　　　　　⑧ 　　　　　　　⑨
⑩　　　　　　　⑪ 　　　　　　　⑫
⑬　　　　　　　⑭ 　　　　　　　⑮

※ 가능하면 보기에 든 낱말과 중복되지 않은 낱말을 찾아보세요.

🏠 위의 보기로 든 낱말들을 사용하여 자기가 경험했던 이야기를 원고지 2~3장 분량으로 써 봅시다. 경험한 일이 없는 사람은 자기가 경험해 보았으면 좋을 것 같은 이야기를 상상해서 써 봅시다.

봄을 주제로 한 자기 이야기 쓰기

공부한 날
월   일

봄을 나타내는 낱말 찾기

공부한 날
월   일

🏠 다음 보기 글 〈수선화〉를 읽고, 봄을 나타내는 낱말에는 밑줄을 그어 봅시다.

수선화

서울 매봉 초등 학교
6학년 2반 신혜인

어느 날, 나는 우리 학교에서 심어 놓은 꽃들과 목련 꽃봉오리를 감상하며 집으로 가고 있었다. 활짝 핀 개나리들이 참 보기 좋았다. 집으로 돌아와 보니 내 동생 규식이가 학교에서 아직 피지 않은 푸릇푸릇한 수선화를 양파인 줄 알고 심으려고 가져 왔다.

나도 처음에는 기분이 무지무지 좋았다. 그러나 학교에서 받아온 것이 아니라 뽑아온 것인 줄을 알고는 규식이에게 화를 냈다. 그 이야기를 엄마께 말씀드리자 엄마께선 퇴학 감이라고 하면서 막 꾸짖으셨다. 괜히 뽑아와서 수선화가 말라 비틀어졌다. 하지만 아직 살아 있다. 지금 우리 학교 운동장에는 수선화가 노오랗고 길쭉하게 모두 피어 있는데 규식이가 뽑아온 것은 희망이 없다. 규식이도 아마 식물을 함부로 다뤄서는 안 된다고 느꼈을 것 같다.

봄에 피는 꽃 이름과 비유말

<제2과>

비유한 말로 동시 쓰기

🎓 〈봄〉에는 어떤 꽃이 필까요? 봄에 피는 꽃을 아는 대로 적어 봅시다.

①   ②   ③   ④   ⑤

⑥   ⑦   ⑧   ⑨   ⑩

⑪   ⑫   ⑬   ⑭   ⑮

🎓 〈봄〉에 피는 꽃 중에서 세 가지만 들고, 그 꽃이 무엇과 비슷한지 보기와 같이 비유하여 봅시다.

보기   개나리 — 줄에 매달린 작은 황금종

①

②

③

비유하는 말 넣어 동시 쓰기 실습

공부한 날
월   일

비유한 말을 넣어 동시를 한 편씩 지어 봅시다.

잠깐만! 도우미

1. **봄에 피는 꽃 종류**

   개나리, 진달래, 벚꽃, 목련, 제비꽃, 민들레, 철쭉, 은방울꽃, 냉이꽃, 둥글레, 돌나물, 꽃다지, 동의나물, 씀바귀, 고들빼기, 양지꽃, 애기똥풀, 금낭화, 얼레지, 자운영, 현호색, 할미꽃, 붓꽃

친구들이 쓴 동시 감상하기

🏠 다른 친구들이 쓴 동시를 감상해 봅시다.

봄꽃으로 하는 소꿉장난

인천 상정 초등 학교
제5학년 3반 권혜미

진달래는 예쁜
커피 잔
물을 따라서
소꿉장난하고,

목련은
밥그릇.
밥을 담아서
맛있게 냠냠.

벚꽃은
쌀을 튀긴 튀밥.
맛있는
간식거리.

봄과 관계되는 낱말

공부한 날
월   일

〈제3과〉

봄과 관계되는 낱말로 동시 쓰기

　앞에서 〈봄〉하면 떠오르는 낱말을 모두 들고, 그 낱말들을 사용하여 생활문 쓰는 공부를 했었지요?
　이번에는 같은 방법으로 동시 쓰는 공부를 해 보기로 하고, 우리 친구들이 쓴 동시를 감상해 보기로 하겠습니다.

〈봄〉하면 생각나는 낱말을 열 개 이상 적어 봅시다.

❶ 봄비	❷	❸	❹	❺
❻	❼	❽	❾	❿
⑪	⑫	⑬	⑭	⑮

봄에 어울리는 흉내말로 동시 쓰기 실습

공부한 날　월　일

🎓 위 낱말들과 잘 어울릴 것 같은 흉내말을 적어 봅시다.

① 보슬보슬　② 부슬부슬　③　　④　　⑤

⑥　　⑦　　⑧　　⑨　　⑩

⑪　　⑫　　⑬　　⑭　　⑮

🎓 위에 든 낱말과 흉내말을 활용하여 동시를 지어 봅시다.

친구가 쓴 동시와 내가 쓴 동시 비교하기 ❶

공부한 날
월   일

위와 같은 방법으로 쓴 우리 친구들의 동시를 감상해 볼까요?
자기보다 어디를 잘 쓰고, 어디가 부족한가를 스스로 지적하면서 읽어보세요.

봄비

경기도 부천시 계남초등학교
제6학년 7반 김태형

봄비가 옵니다,
보슬보슬.

달님과 비슷한
민들레가 방긋방긋.

땅에서는
새싹들이 뾰족뾰족.

아름다운
봄비 온 뒤.

 **친구가 쓴 동시와 내가 쓴 동시 비교하기 ❷**

공부한 날
월   일

🎓 위와 같은 방법으로 쓴 우리 친구들의 동시를 감상해 볼까요?
　자기보다 어디를 잘 쓰고, 어디가 부족한가를 스스로 지적하면서 읽어보세요.

봄

경기도 부천시 중흥초등학교
제4학년 8반 박수빈

땅 속에서
잠을 자고 있던
새싹들이 기지개를 펴고
반갑게 뾰족뾰족.

땅 속에서
같이 지내던
곱슬머리 아지랑이는
아른아른 하늘로.

고치 속에서 겨울잠 자던
애벌레가
꼬깃꼬깃 구겨진 날개를 펴고
꽃 찾아 훨훨.

5월의 주제

노래하는 마음

<제1과>

동시를 여러 가지 방법으로 쓰는 법

　5월은 흔히 말하기를 계절의 여왕이라고 하지요. 또 어린이의 달을 떠올리기도 하지요. 꽃이 많이 피고 우리가 활동하기에 아주 좋은 이번 달에는 우리의 마음을 한껏 노래할 수 있는 공부를 해보려고 해요. 주로 동시를 여러 가지 방법으로 쓰는 것을 익히려고 합니다.

 운율(리듬)을 살려서 쓰기

　어린이를 위한 시는 동시보다 노래로 불려지는 동요가 더 먼저 발전했답니다. 동요는 대부분 노래로 작곡되어 부르는데 편리하게 각 행마다 글자수가 거의 맞게 구성되어 있지요.
　동요에는 대개 운율이 있게 마련이에요. 운율은 자유시처럼 시 속에 숨어 있는 것과 같은 글자나 어구가 반복되어 겉으로 드러나는 것이 있지요.
　어린이들은 운율이 밖으로 드러나는 동시 쓰기를 좋아한답니다.
　그럼, 운율이 밖으로 드러나는 동시를 한 편 감상해 볼까요?

운율을 살려서 쓴 동시 감상

공부한 날   월   일

함께 생각해 봅시다.

소리

경기도 양평군 양동초등학교 매월분교장
제6학년 이솔빛나

①쉬쉬쉬 솨솨솨
이게 무슨 소리일까?

바람이 돌멩이에 걸려
넘어지는 **소리지**.㉮

②휘이익 쑤웅 휘익 쑤우웅
이건 무슨 소리일까?

바람이 나뭇잎 붙잡고
신나게 춤추는 **소리지**.㉯

③또옥 또옥 똑똑똑똑
이게 무슨 소리일까?

비가 낙하산 타고
내려오는 시끄러운 **소리지**.㉰

소리가 한 가지라면
㉠정말 따분할 거야.

그 소리가 그 소리니
㉡정말 재미없겠다.

위 동시 중에서 밑줄 그은 ①②③의 말들을 다시 한번 읽어봅시다.
어떤 말을 흉내낸 말일까요?

위 동시 중 굵은 글씨로 쓴 ㉮㉯㉰의 말을 다시 읽어봅시다. 느낌이 어떻습니까?

운율이 들어 있는 동시 쓰기

공부한 날
월   일

🎓 위 동시 중 ㉠㉡처럼 같은 말이 반복되는 것도 알아둡시다. 그 느낌은 어떻습니까?

🎓 제목 〈산〉, 〈바다〉, 〈동생〉 중에서 하나를 택해 위와 같이 운율이 들어 있는 동시를 원고지에 지어 봅시다.

 잠깐만! 도우미

1. 흉내말의 종류
   (1) 소리를 흉내낸 말(의성어) : '째깍째깍', '윙윙' 등과 같이 어떤 사물의 소리를 흉내낸 말.
   (2) 모습이나 모양을 흉내낸 말(의태어) : '뒤뚱뒤뚱', '불룩불룩' 과 같이 어떤 사물의 생김새나 모양, 짓을 흉내낸 말.

2. 동시에서의 리듬을 살리는 곳
   (1) 각 연의 첫줄을 같은 리듬으로 쓴다.
   (2) 각 연의 끝줄을 같은 리듬으로 쓴다.
   (3) 어떤 행의 앞에 오는 말을 같은 리듬으로 쓴다.
   (4) 어떤 행의 뒷말을 같은 리듬으로 쓴다.
   (5) 어떤 말, 어떤 글자의 끝 받침만 같은 것이 오게 쓴다.

# 생략법으로 쓴 동시 감상하기

공부한 날
월   일

 생략법으로 동시 쓰기

　글을 쓸 때 반드시 끝까지 글자를 다 채워야 되는 것은 아닙니다. 글을 쓰다가 뒤에 할 말을 생략하여 읽는 이로 하여금 그 생략된 뒷말을 상상케 하여 효과를 높이는 방법도 있습니다. 이 방법으로 동시를 쓰면 의외로 효과가 큼을 알 수 있습니다. 그리고 이 방법은 어느 정도 동시 쓰기 공부를 한 사람만이 터득하는 수준 높은 방법이기도 합니다. 도화지 전체를 물감으로 빈틈없이 칠하는 서양화도 있지만 화선지에 그림을 그리고 빈자리는 그대로 남기는 한국화를 연상하면 됩니다. 이 방법은 한국화와 같은 여백의 아름다움을 상상하는 것과 같은 이치입니다.

　그런데 생략법은 각 연의 뒤만 생략하는 것이 아니라 앞 부분, 중간 부분을 생략하여도 됩니다. 어디에, 어떤 말을 생략해야 그 효과가 큰가를 생각한 다음에 생략하면 됩니다.

　그럼, 우리 친구들이 쓴 동시를 감상해 볼까요?

 앞부분을 생략한 동시

봄 오는 소리

인천 인동 초등 학교
제5학년 홍예슬

① " …… "
아무 소리 없었는데
봄이 오는 소리가
들리는 듯하다.

② " …… "
아무 소리 없었는데
벌써 봄이 왔다.

③ " …… "
아무 소리도 없었는데
봄이 내 마음속에
계절 되어 있다.

④ " …… "
아무 소리 없었는데
내 가슴속에
봄 소리가 들린다.

연의 뒷부분을 생략한 동시 감상하기

공부한 날
월   일

위 동시는 각 연마다 맨 앞줄 ①②③④를 생략한 보기 드문 형식의 동시입니다. 그 생략된 말은 봄이 오는 소리가 생략되었음을 누구나 다 알게 될 것입니다.

그러면 여러분들도 이 동시처럼 앞부분이 생략된 동시를 써 볼까요? 제목은 여러분 마음대로 하고, 연과 행의 길이도 여러분 마음대로 하세요. 다만, 5연 정도가 넘으면 동시가 길어서 지루하게 느껴지니 그 안에서 마음대로 정하기 바랍니다.

이번에는 우리 친구들이 어떤 연의 뒷부분을 생략해서 쓴 동시를 감상해 볼까요? 읽으면서 무슨 말이 생략되었나를 떠올리면 감상하는 재미가 더 날 것입니다.

왕배꼽의 내 친구

인천 상정 초등 학교
제5학년 우소연

내 친구 배꼽은
왕배꼽.
엄지손가락이 들어갈 듯…….

어쩔 땐
두 개의 손가락이 들어갈 듯…….

왕배꼽의 내 친구
더 크면
돌멩이 하나가 들어가겠지?

배꼽이 커서 고민이고
놀림도 받지만
꿋꿋한
왕배꼽 내 친구.

엄지손가락 들어갈지라도
마음 착한
왕배꼽 내 친구.

연의 뒷부분을 생략한 동시 쓰기 실습

공부한 날
월   일

우리도 위 동시의 1, 2연처럼 뒷부분을 생략해서 동시를 써 봅시다.

재미있는 생각으로 쓴 동시 감상하기 ❶

공부한 날
월 일

재미있는 생각으로 동시 쓰기

어린이들이 동시를 쓰는 방법은 여러 가지가 있습니다. 이를 '동시 창작 기법' 이라고도 말하지요. 그 중의 한 가지가 재미있는 생각을 동시로 빚는 일입니다. 어린이들은 어른들이 생각할 때 좀 엉뚱하다고 생각할 만큼 이상한 생각이나 재미있는 생각을 합니다. 그렇게 생각한 것을 동시로 써도 된답니다.

그럼, 우리 또래 친구가 자기의 재미난 생각을 동시로 쓴 것을 감상해 볼까요.

딸기

경기도 부천시 송내초등학교
제4학년 이수정

얼굴이 빨간
주근깨 난
딸순이.

주근깨는 있지만
마음씨는 부드러운
꽃송이의 마음.

반 가르면 뽀얀 얼굴
세수 안 하면 빨간 얼굴.

위의 동시를 보면 딸기에 있는 씨를 주근깨에다 비유를 했지요. 딸기를 무심코 먹기만 한 사람은 잘 모르겠지만 조금이라도 살펴보면서 먹은 사람은 금방 "아하, 맞아! 정말 그렇게 생각할 수가 있겠구나!" 라고 고개를 끄덕일 것입니다.

또 딸기를 반 가르면 하얀 속살이 나와서 뽀얀 얼굴이라고 했는데, 가르지 않은 것을 세수를 안 했다고 보아서 빨간 얼굴이라고 했습니다. 여기서 가른 것은 뽀얀 얼굴이고, 안 가른 것은 빨간 얼굴이라고 한 게 조금 어색하기는 하지만 어린이 작품은 이렇게 쓰면서 점점 더 잘 써 가게 되는 것입니다. 스스로 자기의 비유가 어색하다는 것을 깨닫고, 잘 어울리는 비유를 찾게 되거든요. 그 수준이 될 때 동시 공부는 재미가 있고, 성과가 쑥쑥 올라가는 것이랍니다. 이번에도 다른 어린이들의 글을 살펴보기로 하지요. 어떤 재미있는 생각을 동시로 썼는가 말이어요.

재미있는 생각으로 쓴 동시 감상하기 ❷

공부한 날
월   일

함께 생각해 봅시다.

호수

경기도 부천시 계남초등학교
제5학년 김혜미

호수는
호수는
또 하나의 세상.
하이얀 구름이
둥실두둥실
파아란 하늘 바다.
철석처얼썩
우리가 모르는
또 하나의 작은 세상.

호수는
호수는
마법의 물.

가만가만 보고 있음
파아란 물감 사이로
풍덩!
아무도 모르게
마음을 사로잡는
작은 요정.

정말로 빠져들면
어떻게 하나?

　위 동시에서는 호수 속에 또 하나의 세상이 있다고 재미있게 생각했습니다. 이런 생각은 많은 어린이들이 하지만 이렇게 동시로까지 빚어내기는 그리 쉬운 일이 아닙니다. 여기서 아쉬운 것은 요정이라는 말은 우리 나라에 없는 서양 것이니까 너무 우리 것처럼, 마치 옆에서 늘 보는 것처럼 쉽게 써서는 안 되겠습니다. 우리의 의식이 우리도 모르게 서양 것에 물들어 있다는 증거니까 앞으로는 가능하면 쓰지 마세요.
　그렇다면 여러분도 동시 쓰는 게 별거 아니라는 생각이 들지요. 그런 생각이 머릿속을 떠나기 전에 우리도 서둘러 동시 한 편 써 봅시다. 아래에 나오는 도우미가 시키는 대로 따라서 해 보세요. 훌륭한 동시가 한 편 탄생할 테니까요.

재미있는 생각을 소재로 동시 쓰기

공부한 날
월   일

1. 재미있는 생각으로 동시 쓰기
   ① 재미있는 생각을 했던 경험을 떠올림.
   ② 그 생각으로 동시를 지을 때 몇 연으로 했으면 좋을까를 생각함.
   ③ 각 연마다 중심 내용으로 얼개를 짬.
   ④ 얼개에 따라 동시를 지음.
   ⑤ 지은 동시를 말을 바꿔 가며 다시 읽어보면서 고침.
   ⑥ 고친 동시를 다시 원고지에 정리함.

재미있는 생각을 동시로 써 봅시다.

6월의 주제

푸른 동산

푸른동산을 주제로 한 글쓰기

공부한 날   월   일

〈제1과〉

바람을 소재로 한 글쓰기

   6월처럼 들과 산이 푸르르고 싱그러운 달도 드뭅니다. 5월의 동산은 아직 여린 봄 냄새가 나지만 6월은 봄에 난 풀잎이나 나뭇잎이 완연히 제 색깔을 띠면서 짙푸르기 시작합니다. 7월이나 8월의 잎들은 간혹 벌레들이 끼기도 하지만 6월은 아직 그렇지가 않아서 좋습니다.
   그리고 날씨가 더워지기 때문에 바람을 맞는 것이 지난달과는 그 느낌이 전혀 다릅니다. 어디서고 눈을 들면 펼쳐지는 것은 모두가 푸르름뿐이고 간간히 불어오는 바람은 우리들 가슴속까지 시원하게 만듭니다. 이번 달에는 〈푸른 동산〉이라는 주제로 글쓰기 공부를 해 보기로 합시다.
   우선 6월의 산을 상상해 볼까요? 어떤 모습인가를 말이어요. 그리고 그 산에 가면 무엇이 있어요? 바람이 있지요? 하긴 바람은 꼭 산에만 있는 것은 아니지요. 우리가 사는 골목에도 바람은 늘 살지요.

아름다운 우리말 이야기

문 시골 어른들이 가을철 감이나 사과를 따면서 까치 같은 날짐승들이 먹을 수 있도록 한두 개씩 나뭇가지에 남겨두는 열매를 세 글자로 표현하면 무엇이라고 부를까요?
답 해답은 112쪽에 있습니다.

바람을 소재로 한 동시 감상 ❶

공부한 날
월   일

함께 생각해 봅시다.

🎓 그럼 우리 친구들은 그런 산을 보고 어떻게 표현하고, 바람을 어디서 만났나를 살펴볼까요?

바람

서울 신구로 초등 학교
제5학년 임규섭

" …… "
아무도 없었는데
살랑살랑
불어오는 소리.

" …… "
바람 소리만 듣고도
여름이
왔다는 것을 안 창문.

" ……! "
창문은 반가움에
부르르부르르
몸을 떠네.

    이 어린이는 바람 하면 흔히 〈덜컹덜컹!〉 같은 의성어를 쓰기가 쉬운데, 이 동시를 읽는 이의 관심을 끌기 위하여 1, 2, 3연의 각 첫줄마다 줄임표를 사용하였습니다. 남보다는 색다른 표현법이지요. 이렇게 되면 읽는 이들마다 모두 스스로 바람 소리를 입으로 내보거나 속으로 생각해 보게 하는 효과가 있지요. 창문은 반가움에 부르르 몸을 떤다는 것도 참 재미있는 생각입니다.

65

바람을 소재로 한 동시 감상 ❷

공부한 날   월   일

바람

경기도 부천시 계남초등학교
제5학년 홍성우

쌩쌩
바람이 지나가면
수수 수우
나뭇가지가 흔들리고,

쌩쌩
바람이 지나가면
덜커덩덜커덩
창문이 열렸다 닫혔다…….

바람은
힘센 천하 장사.

감상   이 동시는 소리를 흉내낸 말을 사용하여 3연으로 썼군요. 그러면서도 1연과 2연의 첫줄에 〈쌩쌩〉 같은 바람 소리를 사용하여 리듬을 살렸습니다. 리듬을 살리는 말을 이렇게 앞에다 놓기도 하지만, 뒤에다 놓는 방법도 있다고 했지요? 그리고 1연 4행에 나오는 〈수수 수우〉 소리를 들으니 정말 나뭇잎이 무성한 나뭇가지가 흔들리는 것 같지 않으세요? 또 2연의 〈덜커덩덜커덩〉 소리를 들으면 바람에 문짝이 닫혔다 열렸다 하는 장면이 연상되지요? 흉내말을 사용하여서 그림이 눈에 보이듯이 쓴 동시입니다.

바람을 소재로 한 동시 쓰기

공부한 날
월   일

🏠 우리도 〈바람〉이라는 제목을 가지고 다른 내용의 동시를 써 봅시다.

(1) 각 연마다 쓸 내용 정하기

　　1연 — 바람은 심술쟁이다.

　　2연 —

　　3연 —

　　4연 —

(2) 위에 든 내용을 잘 나타낼 낱말을 찾아 동시 쓰기

들과 산을 소재로 한 글쓰기

공부한 날
월   일

<제2과>

산을 소재로 한 글쓰기

　우리 나라는 산이 많아서 자고 일어나 눈만 들면 보기 싫어도 보게 됩니다.
　그런데 막상 산을 소재로 글을 쓰려면 쓸 게 없어 쩔쩔매는 경우가 많습니다. 이는 늘 마셔야만 살 수 있는 공기나 물에 대한 고마움을 모르고 있는 것과 같은 일이지요.
　이럴 때는 산이 무엇과 닮았나, 어떤 일을 하는가를 생각하여, 색다른 말로 표현을 해 보려고 노력해야 합니다.
　처음에는 잘 되지 않지만 자꾸 하면 아주 좋은 자기만의 표현을 할 수가 있지요.

아름다운 우리말 이야기

문 햇볕이 쨍쨍 내리쬐는 한여름, 낮에 아버지가 등물을 하기 위해 펌프에 처음 퍼 붓는 물을 〈마중물〉이라고 합니다.
　또 옛날 우리의 할아버지 할머니들이 놀이나 잔치 등의 일로 한 동네에 사는 사람들이 한 곳에 모여 잔치, 축제, 향연을 벌이는 말 중에 〈모꼬지〉라는 말이 있답니다. 그렇다면 이런 모꼬지에 쓰려고 사온 북어 스무 마리를 한꺼번에 부를 때는 뭐라고 할까요?
답 해답은 112쪽에 있습니다.

 산을 소재로 한 동시 감상

공부한 날
월   일

함께 생각해 봅시다.

그럼, 우리 친구가 쓴 보기 글 〈산〉을 한번 읽어보기로 할까요?

산

서울 고척 초등 학교
제4학년 이동한

산은
큰 삼각형.

산은
집 지붕 같다.

산은
여러 가지 삼각형.

각 연이 두 줄씩밖에 안 되는 아주 짧은 동시입니다. 산을 삼각형이나 집 지붕 같다고 했습니다. 여기에다가 삼각형이라고만 하지 말고 삼각형으로 생긴 다른 어떤 것들의 이름을 들어 비유를 했으면 더 좋았을 것입니다. 예를 들면 〈산은 초록 피라밋〉 같은 비유 말이어요. 여러분들이 이 동시를 다시 지어 보세요.

논설문 쓰기 기초공부

공부한 날
월   일

<제3과>

토의를 통한 논설문 쓰기

요즘 백 년 만의 큰 가뭄이 들어서 시골에서는 모를 못 내고, 밭곡식이 다 타죽어 야단입니다. 도시에 사는 사람들은 그것을 피부로 잘 느끼지 못하지만 농사를 짓는 사람들은 일 년 농사가 제대로 되느냐 못 되느냐의 갈림길이 요즘 시기인 것입니다. 이럴 때 우리는 어떻게 해야 할까요?

 잠깐만! 도우미

1. '토의' 의 말뜻
   ① 여러 사람이 공통된 주제를 가지고 문제를 보다 쉽게 해결하기 위해 서로 머리를 맞대고 앉아 함께 의논하는 협의의 한 형식.
   ② 또 토의는 다른 사람의 의견을 듣고 자기의 의견을 보태거나 양보하면서 드러난 문제점을 해결하는 방법을 함께 찾아내는데 깊은 뜻이 있음.

2. '토의' 의 특징
   ① 토의는 반드시 두 명 이상의 참가자가 있어야 하며,
   ② 참석자가 드러난 문제점의 해결안을 찾아내기 위한 비슷한 생각과 마음을 갖고 있다는 점과,
   ③ 참석자 전체가 공통된 주제를 가지고 서로 협의해서 문제를 해결하는 점이 특징이라고 할 수 있습니다.

토의장에서 나온 의견들로 논설문 쓰기

공부한 날
월   일

🐰 가뭄을 이길 수 있는 방법에 대해서 여러 어린이의 의견을 들어보기로 할까요.

토의의 예

사   회 : 너무 오랫동안 비가 안 와서 큰일입니다. 그래서 시골서는 논농사와 밭농사를 제대로 못 짓고 야단이라고 합니다. 그럼 우리가 가뭄을 이기는 방법에는 어떤 것들이 있을까 이야기를 나눠 보기로 하겠습니다.

이수연 : 저는 도시에 사는 사람들도 물을 아껴 써야 한다고 봅니다. 그래서 시골서 농사 짓는데 조금이라도 도움이 되게 해야 한다고 봅니다. 그리고 성금을 조금씩 거둬서 양수기를 사게 농촌에 보내야 한다고 생각합니다.

김솔아 : 저는 정부에서 회사를 만들어서 지하수 개발을 해야 한다고 봅니다. 그래서 이렇게 물이 부족할 때 사용해야 한다고 생각합니다. 우리가 도시에서 할 수 있는 물을 아끼는 방법은 수도꼭지를 잘 잠궈 물 낭비를 줄여야겠습니다.

이수정 : 저는 국가에서 여러 곳에 댐을 많이 막아야 한다고 생각합니다. 평상시에는 댐에 물을 가득 채웠다가 가뭄이 들 때 요긴하게 사용하면 비가 안 와도 걱정이 없을 것입니다.

양병희 : 저는 집집마다 물탱크를 만들어서 물을 저장해야 한다고 생각합니다. 그랬다가 부족할 때 그 물을 빨래와 청소하는데 사용하면 좋을 것입니다.

사회자 : 네, 좋은 의견들이 많이 나왔습니다. 그럼 지금 나온 의견들을 바탕으로 해서 〈물을 아껴 쓰자〉라는 제목으로 논설문을 써 보기로 하겠습니다. 지금 나온 의견에 다른 의견을 더 보태 써도 좋겠습니다.

친구가 쓴 논설문 감상하기

오늘 할 공부

공부한 날
월   일

🎓 아이들은 이제까지 나온 의견을 가지고 얼개를 짠 후, 논설문을 쓰기 시작했습니다. 다음 글은 그렇게 해서 얻은 글입니다.

물을 아껴 쓰자

부천 부흥 초등 학교
제6학년 한지혜

요즈음 농촌에는 모를 못 심어 큰일이라고 한다. 그러므로 우리가 물을 아껴서 농촌에서 모를 심을 수 있게 했으면 좋겠다. 또, 동두천시에도 한탄강이 말라서 식수가 부족해 난리인 것을 텔레비전에서 보았는데, 강이 말라서 식수가 부족할 만큼 우리가 물을 많이 아끼지 않는다고 생각된다. 그러므로 강까지 마르지 않게 하기 위해서는 많이 들은 말이지만 물을 아껴 써야겠다고 생각한다.

그러면 물을 왜, 어떻게, 아껴 써야 하는지에 대해서 알아보도록 하자.

① 첫째, 소중한 한 방울의 물도 아껴 쓰자. ② 소중한 한 방울의 물을 왜 아껴 써야 하느냐 하면 요즈음 뉴스에서는 몇 년 뒤에 물이 부족할 것 같다고 많이 이야기한다. 그렇기 때문에 지금부터 한 방울의 물을 아껴 써야겠다고 생각한다.

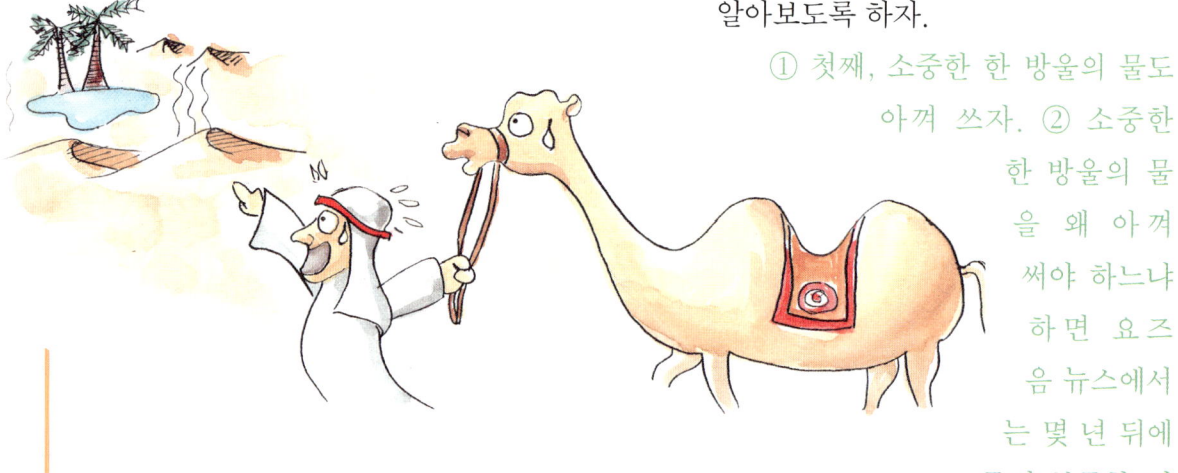

친구가 쓴 논설문 감상하기

공부한 날
월   일

예를 들어 세수를 할 때에 물을 틀어놓고 하지 말고 물을 받아서 세수를 하도록 한다. 아니면 물을 틀어놓고 세수를 한다고 해도 물을 적신 다음 수도꼭지를 잠그고 비누칠 한 다음에 다시 물을 틀어서 세수를 하면 조금이라도 아낄 수 있다고 생각한다.

둘째, 한 가지 물을 여러 종류의 물로 사용하자. 한 번 받은 물을 여러 가지 용도로 사용하면 물을 아낄 수 있다고 생각한다. 예를 들어, 옛날에는 지붕 위에 바가지 같은 것을 얹어두고 비가 오면 빗물을 받아서 걸레를 빨고, 그 다음 방 청소를 한 다음에 걸레 빤 물을 식물에게 주었다고 한다. 그러므로 지금도 집에서 쌀 씻은 물을 화분에 주면 그 식물도 살 수 있고 물도 절약할 수 있어 일석이조의 효과를 얻을 수 있을 것이다.

③ 셋째, 우리가 살아가는데 꼭 필요한 것이다. 왜냐하면 물이 없으면 살 수도 없고 씻을 수도 없고, 또 마실 수도 없기 때문이다. 사막 같은 경우에는 물이 없어서 그 쪽으로 여행을 가게 된 사람은 오아시스를 보면 자기한테 가장 소중한 것을 본 것처럼 놀라고 기뻐한다. 그러므로 우리에게는 가장 소중한 것이 물이다.

우리가 물을 아껴야 하는 방법들은 앞에 든 것과 같다. 이렇게 하면 몇 년 뒤에는 물이 부족하지 않을 것이다. 그러므로 나도 위에 든 물을 아끼는 이유를 지켜서 물을 아껴 써야겠다. 그러면 물이 절약될 것이다.

대부분의 어린이들은 자기 주장을 논리적으로 길게 조목조목 전개하지 못해 이 정도 길이의 논설문도 쓰기가 쉽지 않습니다. 일단 긴 길이를 쓴 것은 성공했다고 보아야 합니다. 하지만 이 글을 자세히 읽어 보면 논리적으로 글을 전개했느냐는 면에서는 고칠 점이 많다고 봅니다. 물을 아껴 써야 하는 방법으로 든 세 가지의 주장하는 문장 중에서 첫째와 셋째가 잘 맞지 않습니다. 밑줄 그은 ①번 문장은 주장하는 문장으로는 너무 막연합니다. 구체적으로 꼭 집어 주어야 이해가 빨리 됩니다. 그리고 보조 문장인 ②번 문장도 더 논리적으로 써야 합니다. ③번 문장은 물을 아끼는 방법과는 거리가 먼 듯합니다. 이런 문장 대신에 물을 아끼는 방법을 하나 더 들어야겠습니다. 또한 결론이 너무 짧습니다. 결론에는 본론의 주장을 재강조하고, 앞으로의 전망과 자기 각오 등을 써 주면 됩니다.

 글의 얼개도 짜기

공부한 날
월   일

<제4과>

얼개 짜서 글쓰기

　오랜 가뭄 끝에 정말로 단비가 내렸습니다. 그래서 타들어 가던 들녘이 다시 푸르름으로 살아났습니다. 비를 기다리던 마음을 쓴 글을 한번 감상해 볼까요.
　그런데 글을 쓸 때 계획을 안 세우고 그냥 쓰기 시작하면 글이 짧아지기 일쑤입니다. 그리고 글 내용이 왔다갔다하기 쉽습니다. 그러므로 글 쓸 계획서인 얼개도를 꼭 짜고, 그 얼개도에 따라 쓰는 버릇을 갖는 게 좋습니다. 얼개도를 짜면서 글에 들어갈 내용을 하나하나 죄다 떠올려 저절로 글이 길어지게 됩니다. 글이 길어진다는 것은 자세하게 썼다는 이야기이고, 그렇게 쓰면 글이 실감나게 되지요. 그래서 읽는 이가 빨리 글 속의 주인공과 같은 마음이 되어 감동을 받습니다. 결국 감동 받은 글은 좋은 글이 되는 것입니다. 그러니까 생활문은 길게 쓰는 게 짧게 쓰는 것보다는 좋습니다.

 잠깐만! 도우미

1. '얼개' 의 말뜻과 바른 의미
　　우리들이 글쓰기에서 말하는 얼개란 글의 짜임새를 뜻하는 우리말로 글의 앞 부분, 중간 부분, 끝 부분이 어떻게 짜여 있는가를 말할 때의 용어이며 한자로는 '개요' 라고 말합니다.
2. 생활문이란 어떤 글일까요?
　　생활문이란 우리가 하루하루를 살아가면서 자신의 생활 주변에서 보고, 듣고, 느끼고, 생각하고, 직접 경한한 것을 글감으로 하여 쓴 실감나고 정감 있는 글들을 말합니다.

친구가 짠 얼개도 살펴보기

공부한 날 월 일

한 어린이가 짠 얼개도

제목 : 기다리던 비

앞 부분에 쓸 내용

① 날이 너무 가물어서 걱정임.
② 축구를 하는데 땀이 너무 남.
③ 비가 땀흐르듯 오면 얼마나 좋을까 하고 생각함.

가운데 부분에 쓸 내용

① 집에 오니 외가에서 아직 모내기를 못했다는 엄마의 말씀.
② 저녁에 아빠와 엄마의 외가 모내기 걱정.
③ 다음날 아침, 흐려서 비올 것을 기대함.
④ 학교 가는 길에 비가 와서 양말과 신발이 젖어도 기분 좋음.

끝 부분에 쓸 내용

① 비오는 것을 다 좋아하는 게 아니라 싫어하는 아이도 있음.
② 외가에서 모를 다 냈다는 소식 옴.
③ 괜히 우산 들고 밤에 빗속을 돌아다님.
④ 우산에 부딪는 빗방울 소리가 너무너무 좋음.

 # 친구들이 쓴 생활문 감상하기

공부한 날
월   일

그럼 위 얼개도에 의해 길게 쓴 보기 글 〈기다리던 비〉를 살펴볼까요. 얼개도에 나오는 뼈대에 어떻게 살이 붙었나를 살펴봅시다. 그리고 대화체는 어떻게 했으며, 비유는 어떤 말을 썼나를 알아봅시다.

 보기 글

기다리던 비

인천 부마 초등 학교
제4학년 이강훈

요즈음 6월초부터 우리 나라에는 아주 심한 가뭄이 왔다. 나도 정말 처음 보는 가뭄이라서 놀랐다. 어른들 말씀으로는 백 년 만에 처음 보는 가뭄이 온 것이라고 하셨다. 학교 점심 시간에 친구들이 말했다.

"얘들아, 나가서 축구하자."

우리는 운동장에 나가서 편을 짜 신나게 축구를 하였다. 10분 정도 지나자 이마에 땀방울이 주르룩주루룩 흘러내렸다.

'비도 이처럼 많이 오면 어떨까?'

종이 쳐서 들어온 아이들은 땀에 젖은 런닝 셔츠를 가볍게 잡아당겼다가 놨다 하면서 말했다.

"아이, 더워. 야, 선풍기 틀어!"

"비가 오면 되는데 한 방울도 안 오잖아."

학교 수업이 끝나고 집에 왔다. 문을 열고 들어오는데 엄마께서는 누군가와 통화하던 전화를 끊고 방에서 나오셨다.

"엄마, 무슨 전화예요?"

76 신바람 글쓰기

친구들이 쓴 생활문 감상하기

공부한 날
월 일

"강훈아, 외할머니께서 모내기를 아직 못 하셨다고 하시는구나."
저녁때 아빠께서 오셨다. 엄마는 낮에 외할머니와 한 이야기를 다 하셨다.
"장모님이 아직도 모를 못 심으셨다고?"
아빠께서는 놀라신 목소리로 다급히 말씀하셨다.
"물을 푸는데도 부족하다시는데?"
엄마께서는 안타까운 목소리로 말씀하셨다.
"빨리 비가 와야 할 텐데……."
나는 어이없는 표정을 지으며 말했다.
다음 날, 아침. 날씨가 조금 흐렸다.
'엇! 비가 오려고 하는 것 같은데…….'
그런데 혹시나 했는데 정말로 빗방울이 떨어지기 시작했다. 내가 상을 탔을 때보다 더 기뻤다. 엄마는 내가 학교에 가자마자 외할머니께 전화를 하셨다고 한다. 외할머니도 춤이라도 추고 싶다면서 좋아하셨단다. 학교 가는 길에 양말과 신발이 젖어도 기분이 좋았다. 외할머니가 좋아하실 걸 생각하니 더 신났다.
학교에 가니 비가 오는 걸 좋아하는 사람이 있었지만 싫어하는 사람도 있었다. 싫어하는 애들은 농부의 생각을 안 하고 자기 생각만 하는 얌체인가 보다. 집에 오니 엄마는 흥분한 목소리로
"강훈아, 외가에서는 오늘 비를 맞으면서도 모를 다 심었다는구나!"
하고 말하면서 환하게 웃으셨다.

감상

비가 오지 않아서 애타는 마음과 비오는 모습, 비를 바라보는 기쁜 마음 등을 더 실감나게 썼으면 더 좋은 작품이 될 것입니다.
대화체도 실감나는 말로 더 많이 넣으세요.

 ## 생활문 얼개도 짜기 실습

|공부한 날|
|월 일|

🧑‍🎓 〈외가〉와 시골 〈할아버지 댁〉을 소재로 한 생활문 얼개도를 짜 보고 얼개도에 쓴 내용으로 생활문을 원고지에다 7~8장 정도 써 봅시다.

제목 :

앞 부분에 쓸 내용

①
②
③

가운데 부분에 쓸 내용

①
②
③
④

끝 부분에 쓸 내용

①
②
③

78 신바람 글쓰기

열개도 보고 생활문 쓰기 실습

공부한 날: 월 일

얼개도 보고 생활문 쓰기 실습

공부한 날: 월 일

얼개도 보고 생활문 쓰기 실습

공부한 날 월 일

얼개도 보고 생활문 쓰기 실습

7월의 주제

여름

여름을 소재로 한 글쓰기

공부한 날 월 일

〈제1과〉

여름과 관계되는 글감 잡기

이제 진짜 여름이 되었습니다. 여름은 여러 가지를 떠오르게 하는 계절이지요. 더위를 떠오르게 하는가 하면, 수영·해수욕장·여름 과일·배탈·선풍기와 에어콘 등등 정말로 많은 것들이 머리를 스쳐갑니다. 이런 것들은 다 좋은 글감이 되는 셈입니다. 그런데도 우리가 글을 쓰려면 글 쓸거리가 없어 애를 태우곤 하지요. 이는 글감 잡는 훈련이 제대로 안 돼 그런 거랍니다.

 **실감나게 쓰기**

대부분의 어린이들이 어렵게 글감을 잡아서 글을 써도 길게 쓰는 데에 무척 부담을 느끼고 있습니다. 이는 우리가 오랫동안 일기를 일기장에다가 한 바닥만 쓰는 습관을 가진 영향이 아주 크다고 하겠습니다. 대개 일기를 쓸 때도 사건을 늘어놓는 식으로 쓴 것이 많고, 대화체를 사용하거나 눈에 보이듯이 자세하게 묘사한 내용은 만나기가 쉽지 않습니다.

일기는 늘 써서 자신 있지요. 그렇게 자신 있게 쓴 일기에 대화체도 넣고, 자세하게 묘사한 대목을 넣으면 글이 그만큼 실감나는 내용으로 변하게 되지요. 읽는 이가 실감나게 읽었으면 금세 마음이 움직여 감동을 주게 됩니다. 감동을 주는 글은 한 마디로 말해서 좋은 글입니다.

그럼, 우리도 글을 길게 써서 실감나고 감동 받는 글로 만들어 보는 공부를 해 볼까요?

대화하는 글과 자세하게 묘사하는 글

공부한 날 : 월 일

함께 생각해 봅시다.

🔲 다음 글은 어느 어린이가 쓴 일기입니다. 이 일기의 번호를 매긴 문장마다 대화체를 넣거나 자세하게 묘사를 해서 긴 글로 만들어 봅시다.

우리 언니의 배탈

　언니가 배탈이 났다. 학교에서 돌아오자마자 ①머리도 아프다고 하고, 배도 아프다고 해서, ②엄마가 손을 따 보니 ③검은 피가 나왔다.
　④엄마가 말하기를, 체한 것 같다고 했다.
　⑤그래서 학원도 못 갔다. ⑥언니가 많이 아프나 보다.
　'빨리 나아야 하는데…….'
　⑦엄마가 병원을 가자고 하는데 언니는 안 간다고 했다. 약을 먹어서 괜찮긴 하지만 아직도 많이 아프나 보다. ⑧언니가 아파하니 나는 슬펐다.

🔲 주의해서 고쳐 쓸 내용들은 다음의 〈잠깐만 도우미〉 내용과 같습니다.
　여러분도 원고지에 다시 쓴 다음에 다른 어린이가 쓴 글과 견주어 보세요.

잠깐만! 도우미

❶ 대화글과 표정 묘사를 자세히 길게 씀.
❷ 엄마와 실랑이한 말을 대화글로 상상해서 씀.
❸ 검은 피가 나올 때 놀라고 무서워하는 상황이나 표정을 자세히 씀.
❹ 엄마와 언니, 그리고 내가 주고받았을 법한 이야기를 상상해서 씀.
❺ 그때의 분위기를 자세히 씀.
❻ 언니의 표정과 언니를 보는 나의 속마음을 자세히 씀.
❼ 언니와 엄마가 주고받은 이야기와 언니의 표정을 자세히 씀.
❽ 나의 슬픈 속마음을 자세히 씀.

길게 쓴 줄글 서로 견주어 보기

공부한 날 월 일

다른 어린이가 길게 다시 쓴 보기 글 〈언니의 배탈〉과 내가 원고지에다 다시 고쳐 쓴 글을 견주어 봅시다.

언니의 배탈

언니가 배탈이 났다. 학교에서 돌아오자마자 다 죽어 가는 목소리로 말했다.
"엄마, 나 쓰러질 것 같아요. 머리도 아프고……. 엄마, 나 죽을 것 같아요."
엄마는 걱정이 돼서 바늘을 갖고 오셨다. 언니는 안 딴다고 억지를 부렸지만 어쩔 수 없이 땄다.
"따가우니 잠깐만 참아라."
"싫어요! 엄마가 의사예요. 그러다가 잘못되면 어떻게 해요?"
엄마가 반 강제로 누나를 방바닥에 앉히고 바늘로 손을 따 보니 검은 피가 나왔다. 언니의 얼굴이 창백해지면서 깜짝 놀랐다.
"너, 체한 것 같구나."
엄마는 언니를 부축해서 침대에 눕히셨다. 언니는 나도 모르게 아프다는 생각을 하다가 살며시 잠이 들었다. 1시간 후에 누나가 깨어났다. 언니는 시간을 보며,
"악! 학원 시간 늦었다!"
소리를 질렀다. 엄마가 오늘만 쉬라고 하셨다. 언니는 일어나서 물 한 컵 마시고 다시 방으로 들어가 누웠다. 나는 언니가 얼마나 아팠으면 학원도 못 갈까 생각이 났다. 언니는 아프지만 학원 못 가서 얼굴을 찡그렸다. 언니는 다시 한잠 잤다. 나는 '언니가 빨리 나아야 하는데…….' 라고 생각했다..
언니는 30분 정도 자고 일어났다.
"빨리 옷 입어라. 병원에 가게……."
엄마의 말씀에 언니는 싫다고 억지를 부리며 얼굴을 찡그렸다. 엄마는 하는 수 없이 집에 있던 소화제를 주셨다.
언니는 약을 먹고 괜찮긴 하지만 아직도 아프다.
'언니는 언제 나을까? 아직도 아픈 걸 보니 병원에 실려갈 것 같은데…….'
나는 가슴이 떨리고 슬퍼서 눈물 한 방울이 땅에 떨어졌다.

 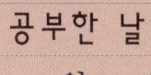

조목조목 이유들어 논설문 쓰기

공부한 날
월   일

 이유 들어 논설문 쓰기

　여름철에는 온도와 습도가 높아서 곰팡이 등이 퍼지기 쉬운 계절입니다. 아울러서 박테리아 같은 병균들의 활동이 왕성한 시기이기도 합니다. 그러므로 우리는 여름철 위생에 조심해야겠습니다. 그런데 무턱대고 여름철 위생에 조심하자고만 하면 설득력이 떨어지지요. 왜 조심해야 하는지 그 이유를 조목조목 대야 설득력이 높아집니다.
　그럼 한 어린이가 여름철 위생에 조심해야 되는 이유로 든 내용들을 살펴보기로 할까요?

 **(1) 위생을 지켜야 하는 이유**

❶ 우리의 건강을 위해서 지켜야 합니다.
　➡ 우리가 살아가는데 제일 중요한 것은 건강입니다. 그러나 하나의 실수로 인해 목숨을 잃는 것은 정말 안타까운 일입니다.
　여름철 위생을 지켜서 우리의 건강을 더 튼튼히 해야겠습니다.

❷ 돈이 많이 들기 때문입니다.
　➡ 만약 아프게 된다면 병원에 가야 하고, 병원에 가면 돈이 많이 듭니다.

❸ 가정이 불행해집니다.
　➡ 가족 중 한 사람이 사망한다면 그 가족은 불행해집니다.

　위에 든 건강을 지켜야 되는 이유만 가지고도 논설문을 쓸 수가 있습니다. 거기다가 위생 생활을 잘 할 수 있는 실천 방안을 보태서 논설문을 쓸 수도 있습니다. 그리고 실천 방안만 가지고도 논설문을 쓸 수가 있습니다.
　그럼, 위생 생활은 어떻게 해야 하는지 더 깊이 생각해 보기로 합시다.

조곡조곡 이슈들어 논설문 쓰기 실습

🎓 어린이 여러분들이 각자 위생 생활을 할 수 있는 실천 방안을 몇 가지 들어보세요.

첫째,(주장하는 문장) :
　　　(보조 문장은 3~5줄 정도로) :

둘째,

셋째,

넷째,

공부한 날
월   일

🏠 위와 같이 자기가 생각하고 있는 실천 방안을 들어서 쓴 다른 친구의 논설문 보기 글을 읽어봅시다. 어디를 잘 쓰고, 어디가 부족한지도 각자 지적해 봅시다.

여름철 위생을 지키자

서울 개봉 초등 학교
제6학년 윤효진

무더운 여름이 되면서 우리들은 여름철 위생에 신경을 쓰지 않는 것 같다. 다른 계절보다 더 신경 써야 하는 여름은 더울 뿐만 아니라 우리의 불쾌지수를 높인다. 그러면 여름철 위생을 위해 지켜야 할 점에 대해 알아보자.

첫째, 음식을 먹기 전에는 신선도를 꼭 확인하고 먹어야 한다. 더운 날씨로 인해 음식이 상할 경우가 있다. 잘못 먹었을 경우에는 식중독에 걸릴 위험이 있으니 이를 꼭 확인하고 먹자.

둘째, 밖에 나갔다 들어오면 손과 몸을 깨끗이 씻어야 한다. 만약 더러운 손으로 음식을 먹을 경우에는 세균이 우리 몸 속으로 들어올 수 있기 때문에 병에 걸릴 수가 있다. 그러므로 밖에 나갔다 돌아오면 손을 깨끗이 씻어서 병을 예방하자.

셋째, 빙과류를 되도록 적게 먹자.

하교 시간에 아이들을 보면 손에 아이스크림이 쥐어져 있다. 이처럼, 날씨가 덥다고 아이스크림을 많이 먹으면 배탈이 날 수 있다. 가끔은 가족들과 삼계탕을 먹어 몸을 따뜻하게 하여 여름철 위생에 힘쓰자.

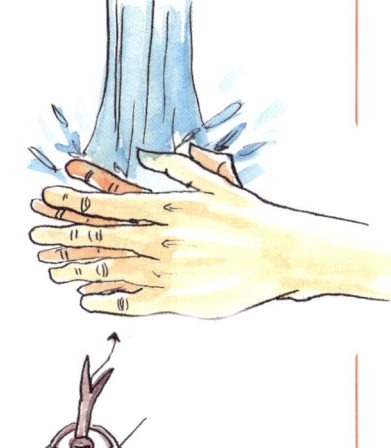

 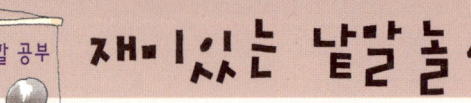

공부한 날
월   일

감상

위 논설문은 전체적으로 길이가 조금 짧은 느낌이 듭니다. 6학년 어린이라면 더 길게 써야 되겠습니다. 이 논설문의 앞 부분에다가 맨 앞에 들었던 〈위생 생활을 해야 하는 이유〉를 들면 훨씬 나은 논설문이 될 것입니다.

하지만 이 〈실천 방안〉 든 것만 가지고도 글을 길게 쓸 수 있습니다. 그러려면 보조 설명을 길게 써야 됩니다. 보조 설명을 쓸 때 근거나 예를 드는 방법도 좋은 방법입니다.

또 어떤 통계 자료를 가지고 쓰는 것도 바람직한 일입니다. 이러한 것들은 모두 주장하는 문장과 내용이 서로 통해야 합니다. 그래서 〈논리적으로 맞게 썼냐, 안 썼냐.〉하는 말이 나오는 것입니다. 이 어린이의 글은 보조 설명이 조금 짧고, 세번째 주장하는 문장의 보조 설명에 나오는 〈삼계탕〉이야기는 다시 한번 생각해 보는 게 좋겠습니다.

잠깐 쉼터 11 - 낱말놀이 퍼즐

가로 길잡이

1. 생선이나 육류 따위를 신선하게 보관하기 위해 얼림. ○○식품. ○○실
2. 아랫면. 밑쪽. 아래쪽.
4. 꽃으로 장식된 길.
6. 높이 건너질러 가설하는 것. ○○도로.
8. 붉은색을 띤 금속인 구리로 만든 선.
9. 흐트러지거나 혼란스러운 것을 질서 있는 상태가 되게 함. ○○ 정돈

세로 길잡이

1. 음식이 부패하지 않도록 차게 보관하기 위한 가전 제품.
2. 긴 물건의 맨 아랫동아리. 나무 줄기에서 뿌리에 가까운 부분. 배추 ○○.
3. 여름부터 가을에 피는, 희고 붉고 노란 깔대기 모양의 꽃. 씨 속에 흰 가루가 들어 있음.
5. 사람이나 차가 많이 다니는 길.
7. 집안 살림에 쓰이는 기구. 장롱, 책장, 탁자 따위와 같이 비교적 큰 제품을 말해요.
9. 꿀, 버섯, 잣, 아우라지 강으로 유명한 강원도 지방. 「○○ 아리랑」도 유명해요.

➡ 정답은 112쪽에 있습니다.

8월의 주제

휴가

〈제1과〉

여름에 있었던 경험을 소재로 한 글쓰기

　여름에는 덥기도 하지만 방학이 있어서 각자 혼자만의 경험을 쌓을 수 있는 기회가 많습니다. 또 아버지나 어머니의 휴가 기간 동안 피서나 여행을 떠나 새로운 세계를 경험하기도 하지요. 여러분은 어떤 경험을 했습니까?

　그런데 흔히 자기가 한 경험은 글감이 안 될 거라는 생각을 많이 합니다. 왠지 시시한 사건처럼 여겨지거든요. 하지만 크고 작은 사건이 다 귀중한 글감이 된다는 것을 잊지 마세요. 글감을 먼데서 찾지 말고 자기 경험에서 찾아 쓰는 습관을 들이면 글쓰기가 쉽고 재미있어 질 것입니다.

　그럼, 다른 친구들이 자기 경험을 가지고 쓴 글을 감상해 보기로 할까요?

강낭콩

인천 대정 초등 학교
4학년 3반 구승원

 **앞 부분**

　학교 과학책에서 강낭콩을 기르는 실험이 있었다.
　그래서 흙과 돌을 파묻고 그 위에 강낭콩을 심고 물을 주었다.

자신의 경험담을 소재로 한 글 감상하기

공부한 날
월   일

나는 그 강낭콩을 집으로 잘 모셔가려고 풀숲에 숨겨두고 학교 공부가 끝나고 잘 가지고 갔다.

중간 부분

그런데 엘리베이터 안에서 잘못해 엎어졌다.

강낭콩과 흙은 제멋대로 나뒹굴었다.

겨우겨우 쓸어 담아 집 베란다에서 다시 잘 심었다. 일주일이 지났다.

토요일 아침 학교를 가다가 우연히 책상에 있는 강낭콩을 보았다.

드디어 노력 끝에 싹이 났다. 너무 기뻐서 하마터면 학교에 늦을 뻔했다.

학교 과학 시간에 강낭콩에 대하여 발표를 했는데 나는 아이들한테 기가 죽었다.

다른 아이들은 벌써 떡잎이 났다고 한다.

나는 오늘 겨우 싹이 텄는데라고 생각하여 너무나 기가 죽었다.

"승원이는 얼마나 자랐니?"

선생님께서 물어 보셨다.

"……?"

나는 창피해서 말을 할 수 가 없었다.

나는 겨우 입을 열어

"저요! 저도 떡잎이 났어요."

"정말이니?"

"네."

하고 대답을 한 후에 자리에 앉았다.

끝 부분

자리에 앉고 나니 거짓말을 한 내가 꼭 나쁜 짓을 한 것 같았다.

'내가 왜 이런 짓을 했을까?'

양심에 찔렸다.

나는 집에 가서 내 책상 앞에 앉아서 싹을 보며 말했다.

"너는 왜 오늘 겨우 싹이 텄니?"

잘 생각해 보니 화분을 엎은 내가 원망스러웠다.

글의 내용을 분석해서 요점 간추려 쓰기

공부한 날   월   일

👦 위 어린이가 쓴 글을 읽고, 각 부분별로 내용을 분석해서 그 요점을 적어 봅시다.

단계	글 내용의 요점
앞 부분	1. 2.
가운데 부분	1. 2. 3.
끝 부분	1. 2.

👦 각자 여름에 있었던 자기 경험을 글감으로 잡아 95쪽의 원고지에다 5~6매 정도 긴 줄 글을 써 봅시다.

자신의 경험담으로 긴 글 쓰기 실습

자신의 경험담으로 긴 글 쓰기 실습

자신의 경험담으로 긴 글 쓰기 실습

공부한 날
월   일

동시 읽고 연별 줄거리 요약하기

공부한 날 : 월 일

다음 동시를 읽고, 각 연을 이루고 있는 내용의 줄거리를 정리하여 표에 적어 봅시다.

여름 원두막

서울 우신 초등 학교
제3학년 3반 김태현

여름 원두막
여름 원두막
원두막에는 수박이
수북수북.
수박을
많이 많이 먹어서
뚱보 되겠네.

여름 원두막
여름 원두막
원두막에는 수박이
둥글둥글.
수박을
많이많이 먹어서
배가 수박처럼 되겠네.

동시 얼개표

연	
1연	
2연	

휴가 기간의 경험담으로 얼개도 짜기 실습

공부한 날 월 일

🎓 휴가 기간에 있었던 경험을 글감으로 해서 동시를 지어 봅시다.
길이는 4연 이내로 하세요.

⭐ 내가 쓸 동시 얼개표

연	내용 줄거리
1연	
2연	
3연	
4연	

얼개도에 짠 내용으로 동시쓰기 실습

공부한 날
월   일

위에 짠 얼개표에 따라 동시를 써 봅시다.

〈제2과〉

기행문은 여행지에서 보고 듣고 느낀 점을 여행 일정에 따라 써야

방학이 되면 학생들은 부모를 따라 여행을 많이 하게 됩니다. 여행을 하게 되면 이제까지 자기가 살던 곳과는 다른 풍습과 말씨, 경치 등을 보게 되지요. 이러한 것들은 좋은 글감이 됩니다. 이런 것들을 자기의 여행 일정에 따라 보고 듣고 느낀 점을 쓰면 기행문이 됩니다. 하지만 기행문 성격에 맞는 글을 쓰기가 그리 쉽지 않습니다. 대개가 여행을 한 생활문 정도를 써 놓고 기행문이라고 하기가 일쑤입니다. 그렇다면 기행문은 어떻게 써야 할까요? 그 순서를 알아볼까요?

 **잠깐만! 도우미**

1. 기행문 쓰는 순서
　① 여행지로 출발할 때나 하기 전의 기분.
　② 여행 도중에 본 것, 들은 것, 느낀 것.
　③ 여행 목적지에서 보고 듣고 느낀 것.
　④ 집으로 돌아오면서 생각한 것.
　⑤ 끝맺기.

기행문 얼개도 짜기 실습

자기가 직접 기행문 쓰기

여름 방학 동안 자기가 여행한 곳을 생각하여 기행문 쓸 줄거리를 메모해 봅시다. 꼭 여름 방학 때 한 여행이 아니라도 괜찮습니다.

단계	쓸거리 메모
❶ 여행 떠나기 전의 기분이나 느낌	
❷ 여행지로 가는 도중에 보거나 느낀 점	
❸ 여행지에서 보고 듣고 느낀 점	
❹ 돌아오면서 보고 듣고 느낀 점 마무리할 내용	

위에 짠 얼개표에 따라 기행문을 103쪽의 원고지에 5~6장 정도 써 봅시다.

얼개도에 짠 내용으로 기행문 쓰기 실습

얼개도에 짠 내용으로 기행문 쓰기 실습

얼개도에 짠 내용으로 기행문 쓰기 실습

논설문 쓰기

공부한 날   월   일

<제3과>

자기 생각과 주장을 펼치는 논설문 쓰기

여름에는 방학과 휴가가 있어 시간에 덜 쫓기며 책을 많이 읽게 되지요. 이 때 읽은 책의 내용을 가지고 토론을 하기도 하지요. 토론을 하다 보면 자기 생각이나 주장과 다른 사람들을 많이 만나게 됩니다. 이 때 상대편을 설득시키기 위해서는 말을 논리적으로 잘해야 합니다. 이런 사람이 토론을 잘하는 사람이지요.

그럼 토론은 어떤 점에 주의하면서 해야 할까요?

 잠깐만! 도우미

1. 토론이란?

토론은 토의와 다르게 찬성과 반대적인 두 편으로 갈라서서, 서로의 입장을 놓고 옳고 그름을 따져 의사를 결정하는 말하기의 한 형식임.

2. 토론할 때 주의할 점

① 주장은 논리적으로 분명하게 합니다.
② 사실과 의견을 구분하여 말합니다.
③ 상대방을 모독하는 발언은 하지 않습니다.
④ 상대방의 입장과 주장을 인정하는 태도를 보입니다.
⑤ 남의 이야기가 끝나기 전에 가로채지 않습니다.

토론할 때 주의하여야 할 요점

공부한 날
월   일

⑥ 발언 기회를 독점하지 않습니다.
⑦ 큰 목소리와 강압적인 태도로 말하지 않습니다.
⑧ 자기 주장이 무조건 옳다고 하지 않습니다.
⑨ 결정된 사항에 대해서는 더 이상 반대하지 않습니다.
⑩ 발언의 차례를 지킵니다.

남의 토론 엿보기

다른 친구들이 자기 주장을 펼치며 토론하는 것을 보고, 같은 주제에 대해 자기는 어떤 주장을 하고 싶은지 생각해 봅시다.

흥부는 착한가, 무능한가?

사회자 : 오늘은 흥부가 과연 착한 사람일까, 아니면 무능한 사람일까에 대해 토론해 보기로 합시다. 누가 먼저 말할래요?

재 희 : 저요. 저는 흥부가 더 없이 착한 사람이라고 생각합니다. 형인 놀부의 모진 학대를 한 마디 불평도 없이 견뎌냈기 때문입니다. 이렇게 착한 사람이 이 세상 어디에 있겠습니까? 그래서 〈흥부 하면, 착한 사람, 착한 사람 하면, 흥부〉라는 공식이 성립되는 게 아닐까요? 저는 우리도 모두 흥부와 같이 착한 마음을 갖도록 노력해야 된다고 생각합니다.

영 선 : 저는 재희와는 다른 생각을 합니다. 흥부는 착한 것이 아니라 무능한 사람이었다고 생각합니다. 〈흥부전〉을 쓴 사람이 착하고 악한 것을 비교하여 강조하려고 그렇게 썼는지는 모르지만 흥부의 행동은 이해하지 못할 곳이 많습니다. 기를 능력도 없으면서 무턱대고 자식을 많이 낳아 먹이지도 입히지도 못했으니까요. 또 형수한테 밥풀이 많이 달라붙은 주격으로 한 대 더 때려 달라고 한 것은 남자의 체면을 다 망쳐 놓은 행동이라고 생각합니다. 흥부는 착하기보다는 무척 게으른 사람이었고 독립심도 없는 사람이었습니다.

107

자기 생각과 주장을 펼친 논설문 감상하기

위 토론을 보고 자기 생각을 109쪽 원고지에 생각나는 대로 써 봅시다.
자기 주장을 쓸 때는 왜 그렇게 생각하는지 이유와 근거를 밝혀 쓰는 게 좋습니다.
그럼, 친구들이 쓴 것을 먼저 보기로 할까요.

친구들이 쓴 글 ❶

흥부는 착한 사람

경기도 부천시 부흥초등학교
3학년 4반 윤지영

나는 흥부가 착하다고 생각합니다. 왜냐하면 첫째 놀부의 욕심을 알면서도 놀부에게 잘해 주었기 때문입니다. 내가 흥부였다면 놀부에게 신경질을 내며 못 참았을 것입니다. 그런데 흥부는 잘 참고 너그러운 마음으로 놀부에게 잘해 주었습니다.

둘째, 자식을 사랑하는 마음이 두텁습니다. 자식을 사랑해서 위험을 무릅쓰고 쌀을 얻으러 놀부네 집에 갔다가 매만 맞고 돌아옵니다.

셋째, 하늘이 감동할 만큼 흥부는 착합니다. 흥부의 착한 마음에 하늘이 감동하여 박씨를 내려준 것입니다. 그러므로 흥부는 착한 것입니다.

친구들이 쓴 글 ❷

흥부는 무능하지만 착한 사람

서울 대동 초등 학교
제6학년 2반 김정연

나는 흥부가 무능하다고 생각합니다. 재산을 놀부가 다 가져갔는데도 놀부에게 불평도 하지 않고 착하게 살았고, 살면서 놀부와 놀부 아내에게 많은 괴롭힘을 당했어도 불평하지 않았기 때문입니다.

그리고 흥부는 게으른 사람이라고 생각하지 않습니다. 흥부는 돈을 벌어보려고 노력했으나 잘 되지 않은 것이라고 생각합니다.

흥부가 착한 것을 제비도 알아보아서 박씨를 가져다 주었다고 생각합니다. 그리고 나중에 놀부가 가난해지고 흥부가 부자가 되었을 때도 착한 흥부는 자기 집에서 같이 살게 해 주었습니다.

그래서 저는 앞으로 흥부처럼 착하게 살아야겠다고 생각했습니다.

자기 생각과 주장을 펼친 논설문 쓰기 실습

공부한 날
월 일

자기 생각과 주장을 펼친 논설문 쓰기 실습

자기 생각과 주장을 펼친 논설문 쓰기 실습

퍼즐 놀이·잠깐 쉼터 코너 정답

90쪽 퍼즐 문제 정답

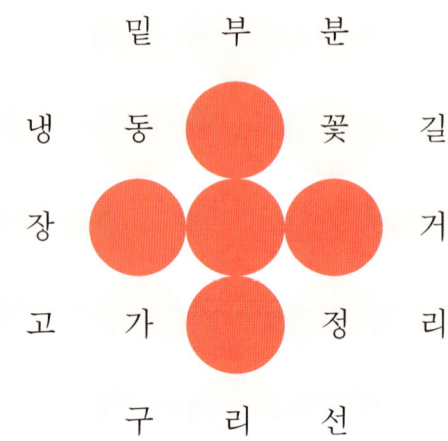

11쪽 문제 정답 ➡ 보조개

13쪽 문제 정답 ➡ 생태

14쪽 문제 정답 ➡ 민둥산

19쪽 문제 정답 ➡ 발장단

20쪽 문제 정답 ➡ 생략

24쪽 문제 정답 ➡ 생략

36쪽 문제 정답 ➡ 꼬투리

42쪽 문제 정답 ➡ 자드락길

64쪽 문제 정답 ➡ 까치밥

68쪽 문제 정답 ➡ 쾌

어린이 동시

작품 공모 요강 및 지정원고지

어린이 동시 공모 안내

■ 도서출판 그래그래 〈어린이 동시 작품〉 공모 안내

"동시 잘 쓰는 어린이 다 모여라!"

　도서출판 는 논술의 기초를 확실히 다지는 초등 학생 글쓰기 실기 훈련 프로그램으로 글 쓰(짓)기 공부를 한 어린이들 중 제2권 〈운문과 산문 쓰기〉 책과 제3권 〈논설문 기초 공부〉 실기 책으로 동시 쓰기 공부를 한 어린이들의 우수한 동시 작품을 다음과 같은 규정으로 공모합니다.
　동시 잘 쓰는 어린이들은 많이 응모해 주시기 바랍니다.

1. 모집 분야 :
　1) 동시 작품
2. 모집 기간 :
　1) 월말 결선 : 2006년 홀수달 10일까지(우편으로 배달된 초등 학생 동시 작품)
　2) 연말 결선 : 2006년 12월 10일까지(월말 결선에서 우수 동시로 선정된 작품을 모아 최종 심사에 넘겨진 초등 학생 동시 작품)
3. 작품 분량 :
　1) 동시 작품 : 〈논설문 기초 공부〉 책 118쪽 지정 원고지에 쓴 동시 작품 3편
4. 월말 결선, 연말 결선 선발 인원 및 방법
　1) 월말 결선에 뽑힌 우수 동시 작품 : 〈우수 동시 작품상〉 상장 및 장학 상품 시상
　　― 선발 인원 : 신바람 글쓰기 프로그램 제2권 〈운문과 산문 쓰기〉 및 제3권 〈논설문 기초 공부〉에서 가르쳐 준 동시의 기본 요건을 충족시키면서 틀린 곳이 없는 동시 작품을 홀수달 10일까지 응모한 어린이들에게는 그 다음 짝수달 10일까지 심사해 인원수에 제한 없이 〈우수 동시 작품상〉 상장과 함께 시상품으로 동시 쓰기 다음 과정을 공부할 수 있는 제4권 〈설명문과 논설문 쓰기〉 실기 책을 한 권씩 우편으로 부쳐 드립니다.
　2) 연말 결선에 뽑힌 우수 동시 작품 : 〈우수 동시 작품상〉 상패, 상장 및 장학 상품, 수상 작품집 시상
　　― 선발 인원 : 해마다 12월부터 다음해 11월까지 〈월말 결선〉에서 우수 동시로 선정된 어린이들의 동시 작품을 전문가로 구성된 심사위원회에 위촉하여 장르별로 대상 1명, 금상 2명, 은상 3명, 동상 6명, 장려 12명 등 11개 장르 264명을 선발합니다. 또, 심사가 끝나면 바로 어린이들의 동시 작품을 〈수상 작품집〉으로 발간해 전국의 어린이들이 이 수상 작품집을 함께 읽으며 동시 쓰기 공부를 하는데 도움이 될 수 있게끔 전국 서점을 통해 어린이들에게 공급합니다.
5. 시상 구분 및 규모 :
　■ 작품상(1개 장르별 시상 규모)
　1) 대상 : 1명(상패 및 상품, 수상 작품집)
　2) 금상 : 2명(상패 및 상품, 수상 작품집)
　3) 은상 : 3명(상패 및 상품, 수상 작품집)
　4) 동상 : 6명(상장 및 상품, 수상 작품집)
　5) 장려 : 12명(상장 및 상품, 수상 작품집)

어린이 동시 공모 안내

※ 작품상은 1개 장르별로 24명이 시상되며 총 시상 인원은 11개 장르(일기, 편지, 동시, 논설문 / 저학년, 설명문, 생활문, 독서 감상문, 기행문, 기록문, 보고문, 논설문 / 고학년)에서 264명을 선발합니다.

■ 지도교사상

1) 대상 : 1명(상패 및 상품, 수상 작품집)
2) 금상 : 2명(상패 및 상품, 수상 작품집)
3) 은상 : 3명(상패 및 상품, 수상 작품집)
4) 동상 : 6명(상장 및 상품, 수상 작품집)

※ 선생님들께 드리는 지도교사상은 11개 장르(일기, 편지, 동시, 논설문 / 저학년), 설명문, 생활문, 독서 감상문, 기행문, 기록문, 보고문, 논설문 / 고학년)에서 입상작품을 많이 배출한 지도교사(학원 강사, 그룹 과외 선생님, 초등학교 선생님)들에게 드리는 상이며 장르 구별 없이 대상 1명, 금상 2명, 은상 3명, 동상 6명 등 총 12명을 선발합니다.

6. 원고 보낼 곳 :

1) 우편 번호 : 405-815
2) 주   소 : 인천광역시 남동구 간석3동 919-4(도서출판 그래그래) 어린이 동시 담당자 앞
3) 문의 전화 : 032)463-8355(대표) / 팩스 : 032)463-8339

7. 심사 위원 및 선발 방법

1) 도서출판 그래그래 가 위촉하는 초등학교 교사, 아동문학가, 시인, 소설가로 심사위원회를 구성하여 공동으로 심사하며 심사위원들은 당선작 발표와 함께 공개합니다.

8. 심사평 및 입상작 발표 일자 : 2006년 12월 20일

9. 발표지면 : 도서출판 그래그래 소식지 12월호 및 홈페이지(www.jaryowen.co.kr)

10. 시상 일자 및 장소, 수상작품집 출판 기념회

1) 시상 일자 : 2007년 1월 방학 중 셋째 토요일 오후 3시
2) 시상 장소 : 인천광역시 남동구 간석동 소재, 로얄호텔 영빈실(사정에 따라 변동될 수 있습니다)
3) 수상 작품집 출판 기념회 : 수상 작품집은 11개 장르별(일기, 편지, 동시, 논설문 / 저학년), 설명문, 생활문, 독서 감상문, 기행문, 기록문, 보고문, 논설문 / 고학년)로 단행본으로 출간하며 출판기념회 날 수상 학생, 지도 선생님, 학부모, 심사 위원, 축하객이 함께 볼 수 있게 하며 전국 서점 어디에서나 손쉽게 구입하여 학부모님들이 자녀의 동시 쓰기 교육에 도움이 될 수 있도록 배본합니다.

11. 공통 참고 사항

1) 11개 장르별(일기, 편지, 동시, 논설문(저학년), 설명문, 생활문, 독서 감상문, 기행문, 기록문, 보고문, 논설문 / 고학년) 응모 작품은 반드시 도서출판 그래그래 가 발간한 〈신바람 글쓰기(전 6권)〉 프로그램 과정별 책자의 지정 겉표지와 원고지에 연필로 작성된 원고만 접수됩니다.
2) 응모 작품 끝에 주소와 연락 전화번호, 소속을 기재한 작품만 접수됩니다.
3) 응모 작품은 초등 학생에 의해 창작 또는 구술된 작품이어야 하며 재학 중인 초등 학교의 학생 명부, 의료보험증, 주민등록등본 등의 사본과 대조해 동일인이 아닐 때는 입상이 취소됩니다.
4) 입상작으로 선정된 원고와 탈락된 원고는 반환되지 않습니다. 그러므로 응모자의 원고를 보관하고 싶은 학생 또는 학부모는 미리 복사해서 보관하시기 바랍니다.
5) 입상작으로 확정되어 단행본으로 출간된 11개 장르별(일기, 편지, 동시, 논설문 / 저학년), 설명문, 생활문, 독서 감상문, 기행문, 기록문, 보고문, 논설문 / 고학년) 원고는 저작권법에 따라 도서출판 그래그래 에 3년 간 출판권이 귀속됩니다.

서기 2006년 3월 1일
도서출판 그래그래
도서출판 자료원
도서출판 메세나

원고지 지정 양식 안내

■ 11개 장르별 응모 요강 및 지정 원고지 양식 안내

각 장르별 응모 요강 및 지정 원고지 양식은 **신바람 글쓰기** 프로그램 책 지정 쪽수에 인쇄해 놓은 응모작품 겉표지와 지정 원고지를 가위로 오려서 사용하면 됩니다. 이때 응모자가 주의할 점은 주소, 전화 번호, 소속을 기록하지 않은 학생의 작품은 접수되지 않습니다. 지도하는 학부모님이나 선생님은 이 점을 꼭 확인해 주십시오.

1. 일기 : 제1권 〈글쓰기 기초 공부〉 책 90쪽

2. 편지 : 제2권 〈운문과 산문 쓰기〉 책 90, 94쪽

3. 동시 : 제3권 〈논설문 기초 공부〉 책 118쪽

4. 논설문(저학년용) : 제4권 〈설명문과 논설문 쓰기〉 책 126쪽

5. 설명문 : 제4권 〈설명문과 논설문 쓰기〉 책 126쪽

6. 생활문 : 제5권 〈생활문과 독서 감상문 쓰기〉 책 130쪽

7. 독서 감상문 : 제5권 〈생활문과 독서 감상문 쓰기〉 책 130쪽

8. 기행문 : 제6권 〈마인드 맵으로 논설문 쓰기〉 책 128쪽

9. 기록문 : 제6권 〈마인드 맵으로 논설문 쓰기〉 책 128쪽

10. 보고문 : 제6권 〈마인드 맵으로 논설문 쓰기〉 책 128쪽

11. 논설문(고학년용) : 제6권 〈마인드 맵으로 논설문 쓰기〉 책 128쪽

〈응모 작품 겉표지〉

저의 일기 작품을 도서출판 그래그래 가 주관하는 어린이 동시 작품 공개 모집 (   )월 〈월말 결선〉 응모 작품으로 우송합니다.

 **필수 기재 사항**

1. 응모 학생 주소 :

2. 연락 전화 번호 : 집 전화 번호 (   ) —

   　　　　　　　 학부모 휴대 전화 :
   　　　　　　　 (없으면 적지 않아도 됩니다)

3. 재학 중인 학교 : (   ) 초등 학교   학년   반

 **선택 기재 사항**

1. 이메일 주소(없는 학생은 적지 않아도 됩니다) :

동시 지정 원고지 양식

공부한 날: 월 일

동시 지정 원고지 양식

공부한 날 월 일

동시 지정 원고지 양식

공부한 날
월 일

동시 지정 원고지 양식

공부한 날 월 일

동시 지정 원고지 양식

동시 지정 원고지 양식

공부한 날
월   일

동시 지정 원고지 양식

공부한 날
월 일

동시 지정 원고지 양식

공부한 날
월   일

동시 지정 원고지 양식

신바람 글쓰기 논술의 기초를 확실히 다지는 초등 학생 글쓰기 실기 훈련 프로그램입니다.

이경자 · 이동렬 함께 지음

3 중급
낮은반 용
6권 중 제3권

논술 준비를 위한
논설문 기초 공부

내 아이를 선생님처럼 가르칠 수 있는

학생 지도 방향
책 속의 책
해설 · 해답집

이 책을 쓰신

이경자 선생님은

인천 교육 대학을 졸업한 후 24년 간 초등 학교 선생님으로 근무하면서
글쓰(짓)기를 지도해 오셨습니다.
그동안 지은 책으로는 「1학년 글짓기」, 「글짓기 위크북(공저)」 등이 있고,
현대 백화점 부평점, 애경 백화점 문화 센터 등에서
여러 해 동안 어린이들에게 글쓰기를 가르쳐 주신 선생님입니다.

이동렬 선생님은

어린이들에게 재미있는 글을 많이 많이 지어 주신 유명한 동화 작가입니다.
경기도 양평에서 태어나서 인천 교육 대학과 경원 대학 경영 대학원을 졸업하고
초등 학교 선생님, 교육 전문지 기자, 출판사 편집장을 거쳐
현재는 장안대학 문예 창작과 겸임 교수로 재직하고 계십니다.
『한국일보』 신춘 문예에 동화가 당선되어 문단에 등단하셨으며 그동안 지은 책으로는
「눈높이 글짓기 교실 ① ② ③」, 「신바람 나는 글쓰기 교실(초급 · 고급)」,
「논리 · 토론 · 논술 열 세 마당」 등이 있고,
6-2 읽기 교과서에 동화 「마지막 줄타기」 등이 수록되어 있습니다.
그동안 지은 동화책으로는 「워리와 벤지」, 「꾸러기 탐험대」, 「서울에 온 백두산표범나비」,
「씨, 씨, 씨를 뿌려요」, 「자연과 함께해요」가 있습니다.

그림을 그려 주신

채윤남 선생님은

서울 대학교 응용 미술과를 졸업하고 1965년부터 일러스트 작가 · 만화가 ·
제품 디자이너로 활동하며 지금까지 800여 권의 단행본을 저작하셨습니다.
(주)사무엘 중소기업 수출 업체 사장님으로 근무하며
현재는 외국에서 활동하고 계십니다.

조희정 선생님은

1978년 전주에서 출생하여 전남대학교 예술대학 미술학과를 졸업한 후,
함평 장애인직업전문학교 애니메이션과 강사, 전남대학교 홍보만화 제작,
동신대학교 홍보 책자 삽화 제작, 태평양 사내 화보 삽화를 제작했습니다.
현재, 캐릭터 디자이너 겸 동화 일러스트레이터 프리랜서로 활동하고 있습니다.

도서 출판 **온새로이** 편집부 알림

제3권 | 중급·낮은반 수

내 아이를 선생님처럼 가르칠 수 있는
학생 지도 방향과 해설·해답

신바람 글쓰기

3월의 주제 — 글쓰기와 논술의 기초

▶ 21~22쪽 해설

 학생 지도 방향

1. 이 단원에서는 자신이 직접 쓴 글이나 다른 사람이 어떤 형식을 갖추고 쓴 글을 원고지에 정서하는 법을 익히는 과정입니다.
2. 바른 원고지 사용법은 글쓰기 공부를 할 때 가장 먼저 부딪히는 문제지요. 앞으로 세월이 많이 흘러 컴퓨터의 워드 작업만으로 글쓰기를 하는 시대가 오면 원고지 사용법이 없어질지도 모르겠습니다. 하지만 지금은 초등 학교에서의 글쓰기 교육은 200자 원고지 중심으로 이뤄지니 제대로 익혀 두는 수밖에 별도리가 없습니다. 그런데 이 원고지 사용법은 어디에도 이렇게 하라는 강제 규정은 없습니다. 그저 초등 학교 쓰기 책에 나오는 사례를 분석해서 거기에 맞춰 주는 식이지요.
3. 여기서는 그간에 죽 해오던 것과 7차 교육 과정의 5—1 〈쓰기 교과서〉의 40~41쪽에 나온 예에 따른 것입니다. 교과서와 띄는 칸수가 다를 때 '맞았다, 틀렸다' 고 2분법으로 볼 것이 아니라 그 정도 띄어 주라는 정도로 보면 되겠습니다. 아직 7차 교육 과정까지는 초등 학교 교과서가 국정 교과서 한 종밖에 없으니 혼란을 막기 위해 그 교과서 사례에 맞춰서 썼으니 참조하시기 바랍니다. 초등 학교에서도 검인정 교과서를 배울 시기가 오면 필자에 따라 달라질 수도 있을 것입니다.

▶ 21쪽 해답

띄는 표시를 해야 하는 원고지 마지막 칸 처리법을 일러 주세요.

학생 지도 방향과 해설·해답

➡ 22쪽 해답

어	머	니	께	서	는		얼	굴	을		붉	히	면	서
	"	네	가		내		자	식	이	냐	?		내		자	식	인	데
	그	렇	게		엉	터	리	야	!	"				
라	고		소	리	치	셨	습	니	다	.				

◐ 23쪽 해설·해답

👀 학생 지도 방향

1. 22, 23쪽 〈잠깐만 도우미〉 내용을 참고하여 글의 제목 쓰는 법, 학교·학년·이름 쓰는 법, 문단의 첫 문장은 한 칸 들여서 시작하는 법, 대화글은 큰따옴표 속에 넣어 둘쨋칸에는 큰따옴표, 셋쨋칸에는 대화글 첫 낱말이 들어가는 점을 익히도록 해 주세요.

➡ 23쪽 해답 ➜ 24쪽에 있음

◐ 26쪽 해설·해답

👀 학생 지도 방향

1. 이 단원에서는 우리 한글의 맞춤법에 대한 중요성과 한국인 누구나가 가장 잘 틀리는 낱말을 상기시켜 주는 과정입니다.
2. 본문 25쪽과 26쪽에 올린 말들은 필자가 교단과 글쓰기 지도를 하면서 우리 나라 사람들이 가장 많이 틀리는 말들만 모은 것들입니다. 한 30여 년에 걸쳐 모은 귀한 자료들입니다. 어린이나 어른이나 공통적으로 많이 틀리는 말들입니다. 아마 여기 나오는 말들만 틀리지 않고 제대로 써도 우리말을 제대로 안다는 말을 들을 것이며, 글을 잘 쓴다는 말도 듣게 될 것입니다. 그러니 지도자가 먼저 익히고 배우는 이들에게 알려 주었으면 좋겠습니다.

● 틀린 말을 바른 말로 고쳐 보세요.

- 움큼
- 덩굴
- 이튿날
- 장맛비
- 베개
- 게시판
- 우리말
- 발자국
- 오순도순
- 플래카드
- 산모롱이
- 꽃봉오리
- 산봉우리
- 오이소박이

3

신바람 글쓰기

28~30쪽 해설 · 해답

1. 우리는 자연에 나가 즐길 줄은 알면서 우리네 토종 것에 대해서는 잘 모릅니다. 자연을 보호하자고 외치면서도 동물이나 식물의 이름은 잘 모릅니다. 이는 입으로만 자연을 위하는 것에 지나지 않지요. 우리 것을 알 때 우리의 정신은 저절로 우리 문화에 뿌리를 내리고 있다는 것을 알아야 하겠습니다. 여기서는 우리네 사언 속에 한 발사국만 나가면 흔하게 볼 수 있는 민물고기, 풀, 나무, 곡식 이름을 제대로 알아보게 했습니다.

➡ 28쪽 해답 ➡ 생략   ➡ 29쪽 해답 ➡ 생략   ➡ 30쪽 해답 ➡ 생략

31~35쪽 해설 · 해답

1. 흉내말은 문장을 아름답게 만드는데 결정적인 역할을 합니다. 줄글(산문)을 쓸 때는 문장을 길게 해주고 실감나게 해주지요. 운문에서는 리듬감을 살려 흥미를 갖게 해주는 장점이 있습니다.
2. 일기를 쓰기 시작해서 글을 길게 써야 할 시기에 드는 1, 2학년 때부터 흉내말을 제대로 쓰는 훈련을 해주면 참 좋습니다. 어찌 보면 초등 학생들은 흉내말을 많이, 그리고 제대로 적재적소에 어울리는 말을 얼마큼 썼느냐에 따라 잘 쓴 글인지 잘 못 쓴 글인지가 판가름 난다고 봐야 할 정도입니다.

〈문〉 '을씨년스럽다' 는 어느 말에서 생겨난 말일까요?

상희 할아버지는 날씨가 어수선하거나 쓸쓸해 보일 때 '을사년스럽다' 고 표현하십니다.
상희는 그 말을 들을 때마다 "할아버지, 을사년스럽다는 틀린 말이에요. 앞으로는 을씨년스럽다고 말씀하세요." 하면서 고쳐드렸습니다. 그러자 곁에 계시던 상희 아버지가 "상희야, '을씨년스럽다' 는 말은 '을사년스럽다' 는 말에서 생겨난 말이란다"하시면서 틀린 말이 아니라고 했습니다. 정말 그럴까요?

➡ 답은 122쪽에

 ➡ **32쪽 해답의 한 예**

	봄	이		되	었	습	니	다	.		그	러	자		꽃	밭	에	는		새
싹	이		뾰	족	뾰	족		나	왔	습	니	다	.							
	새	싹	이		자	라		꽃	이		피	자		노	랑	나	비	가		
나	풀	나	풀		날	아	왔	습	니	다	.									
	호	랑	나	비	도		훨	훨		날	아	왔	습	니	다	.				
	산	자	락	에		오	르	니		진	달	래	도		꽃	을		피	우	
려	고		봉	오	리	가		발	긋	발	긋	해	졌	습	니	다	.			
	우	리	는		산		밑	에		있	는		연	못	으	로		가		
보	았	습	니	다	.															
	연	못	에	는		오	리	들	이		연	꽃	처	럼		동	동	동		

떠		다	녔	습	니	다	.													
	물	에	서		나	온		어	떤		오	리	는		뒤	뚱	뒤	뚱		
궁	둥	이	를		흔	들	고		다	녔	습	니	다	.						
	그		모	습	이		꼭		우	리		아	기	가		걸	음	마	를	∨
시	작	하	는		것		같	았	습	니	다	.								
	우	리	는		그		오	리	를		보	고		흉	내	를		내	면	
서		크	게		웃	었	습	니	다	.										
	우	리	는		봄	날		연	못	가	를		걸	어	다	니	는		우	
스	꽝	스	런		오	리		남	매	였	습	니	다	.						

> 띄는 표시를 해야 하는 원고지 마지막 칸 처리법을 일러 주세요.

 ➡ **35쪽 해답** ➡ 32쪽 참조

신바람 글쓰기

○ 37~40쪽 해설 • 해답

학생 지도 방향

1. 멋지고 알맞은 비유는 글의 맛을 더해 주지요. 흉내말 사용과 비유를 할 수 있다는 것은 글쓰기에서 꽤 높은 수준까지 다다랐다는 증거이기도 합니다. 이런데 신경을 쓴 글을 보면 글이 감칠맛이 나고 아주 실감이 납니다. 그래서 읽는 이로 하여금 금방 주인공이 되어 글 속에 푹 빠지게 하는 힘을 가지고 있습니다. 그러니 글을 잘 쓰려면 비유를 잘해야 하겠습니다. 지도자는 비유할 수 있는 예문을 더 많이 만들어 지도하는 게 좋습니다.

○ 37쪽 해답

1. 개구리처럼 툭 튀어나온 눈
2. 쏜살같이 달아나는 자동차
3. 꿀처럼 맛있는 사과
4. 활등처럼 휘어진 산등성이
5. 나룻배처럼 큰 신발
6. 사흘 굶은 사람처럼 아주 고픈 배
7. 환하게 웃는 해님처럼 활짝 핀 꽃
8. 대머리 아저씨처럼 훌렁 벗겨진 이마
9. 퉁방울처럼 둥그런 눈
10. 장대비처럼 좍좍 쏟아지는 비

○ 38쪽 해답

띄는 표시를 해야 하는 원고지 마지막 칸 처리법을 일러 주세요.

띄는 표시를 해야 하는 원고지 마지막 칸 처리법을 일러 주세요.

4월의 주제 — 봄

42~43쪽 해설 · 해답

> **학생 지도 방향**
>
> 1. 어린이들에게 사계절은 아주 큰 글감이지요. 왜냐하면 계절의 변화에 따라 산과 들의 환경과 색깔이 달라지니까요. 뿐만 아니라 그 자연 속에서 사는 사람들의 생활 모습이나 습관도 달라지기 때문이지요. 그러고 보면 온도로 측정되는 기후의 변화가 우리 생활과 생각까지도 바꿔 놓는다고 봐야 할 것입니다.
> 2. 그 사계절 중에서도 봄은 새싹이 돋아 가장 변화를 많이 느끼게 하는 계절이라 이 때는 어린이뿐 아니라 어른들의 감정도 감성적으로 변하게 마련이지요. 이런 봄을 이용해서 동시 쓰기를 하면 좋은 글을 얻을 수가 있답니다. 이 때 책상에 앉아서 피상적으로 책에서 본 것을 가지고 글을 만들게 하지 말고 밖에 나가 변화의 현장에서 눈으로 본 것을 글감 소재로 삼게 하는 게 좋습니다.

신바람 글쓰기

 ➡ 43쪽 해답

① 입학　　② 새 담임 선생님　　③ 새 친구　　④ 달래　　⑤ 쑥
⑥ 산수유꽃　⑦ 새 책　　　　　⑧ 새 공책　　⑨ 개구리 소리　⑩ 봄옷 등등.

 ➡ 43, 44쪽 해답

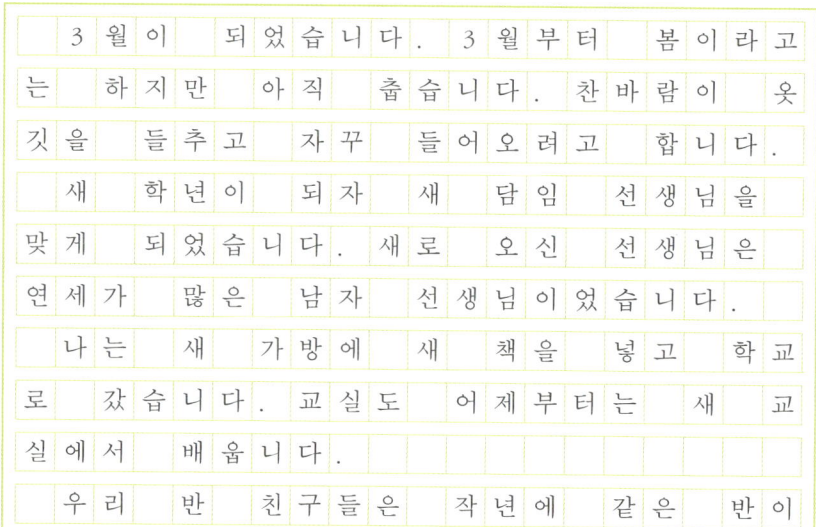

띄는 표시를 해야 하는 원고지 마지막 칸 처리법을 일러 주세요.

원고지 끝 칸에 한 문장의 종결어미 '~다'와 마침표를 같이 찍는 법을 꼭 일러 주세요.

	학	교		공	부	가		끝	나	고		집	으	로		돌	아	오	다	V
보	니		논	두	렁	에	는		벌	써		쑥	이		파	릇	파	릇		
돋	아		있	었	습	니	다	.												
	뿐	만		아	니	라		달	래	도		뾰	족	한		잎	을		내	
밀	고		있	었	습	니	다	.												
	영	일	네		담	에	는		노	란		산	수	유	꽃	이		망	울	
을		터	트	리	고		있	었	습	니	다	.								
	아	주		가	끔	씩		알		낳	으	러		나	온		개	구	리	V
소	리	도		들	렸	습	니	다	.											
	봄	은		기	운	이		솟	는		철	입	니	다	.					

띄는 표시를 해야 하는 원고지 마지막 칸 처리법을 일러 주세요.

45~48쪽 해설 · 해답

해설

학생 지도 방향

1. 비유법을 배워서 동시를 쓰면 글이 리듬감이 있어서 읽는데 즐거움을 느낍니다. 동시를 쓸 때 소재가 정해지면 그게 무엇과 닮았나 하는 것을 연상하게 하면 쉽습니다. 그 연상한 것은 혼자만 통하는 것이 아니라 세상 사람 누구나 다 그렇다고 인정할 수 있는 것이면 참 좋습니다. 그러면서도 흔히 말하는 것이 아니라 새로운 것이면 더 좋답니다.
2. 지도자는 어린이들이 택한 소재가 무엇과 닮았는지를 각각 써 보게 한 다음에 동시의 한 연을 그 내용으로 채우라고 하세요. 그러면 새로운 맛이 나는 시가 되고, 짓는 어린이들도 신바람이 날 테니까요.

해답

 **45쪽 해답**

● 밑줄 그을 곳 ➡ 목련, 꽃봉오리, 개나리, 수선화

 **46쪽 해답**

● 윗문제 : ① 개나리, ② 진달래, ③ 수선화, ④ 산수유, ⑤ 생강나무, ⑥ 벚나무, ⑦ 살구나무, ⑧ 복숭아나무, ⑨ 사과나무, ⑩ 배나무, ⑪ 팬지, ⑫ 제비꽃, ⑬ 민들레, ⑭ 앵두나무 등등
● 아랫문제 : ① 팬지 ➡ 추위에 떠는 나비 ② 벚꽃 ➡ 벚나무에 내린 하얀 눈송이
　　　　　　③ 진달래 ➡ 봄동산을 물들이는 분홍 꽃들

신바람 글쓰기

 47쪽 해답

봄동산

추위에 나비가 떨고 있어요.
팬지라는 나비예요.

벚나무가 흰눈을 뒤집어 썼어요.
봄꽃눈이 내렸어요.

온 동산이 분홍물이 들었어요.
진달래 꽃물이어요.

49~52쪽 해설 · 해답

학생 지도 방향

1. 봄을 가장 잘 대변할 수 있는 낱말을 어린이 스스로의 힘으로 15개 이상 찾아보도록 합니다.
2. 그 다음은 자기가 찾은 낱말에 가장 잘 어울릴 것 같은 흉내말을 어린이용 국어사전이나 컴퓨터를 이용해 자기 힘으로 끝까지 찾아보게 합니다. 여기서 지도자가 먼저 생각해야 할 점은 찾아본다는 그 자체가 지적 욕구를 자극하는 탐구력과 창의성을 키워주는 것입니다. 그러면서 글쓰기에 대한 두려움을 자신도 모르게 잊습니다.
3. 그 다음은 어린이들이 찾은 낱말과 흉내말을 이용해 실제로 동시를 쓰게 하는 게 중요합니다. 그래야 읽는 이들도 얼른 동감할 수 있으니까요.

 49쪽 해답 ▶ 43쪽 해답 참조

 50쪽 해답

● 윗문제
3. 아롱다롱   4. 파릇파릇   5. 푸릇푸릇   6. 뾰족뾰족   7. 푸름푸름   8. 울긋불긋   9. 나폴나폴
10. 나풀나풀   11. 너훌너훌   12. 훨훨   13. 살랑살랑   14. 방긋방긋   15. 아른아른

● 아랫문제 ▶ 생략

학생 지도 방향과 해설·해답

5월의 주제 — 노래하는 마음 (동시쓰기)

▶ 54~62쪽 해설

해설

학생 지도 방향

1. 여기서는 동시를 쓰는 여러 가지 창작 기법에 대해서 다뤄 봤습니다. 그냥 무턱대고 쓰는 것보다는 예시한 기법에 따라 자기 생각이나 느낌을 표현해 보면 더 좋은 작품을 쓸 수 있지요. 각각의 기법에 따라 써 보게 하는 훈련을 많이 하면, 어린이들이 나중에 동시를 써야 할 때 그 중에 기억나는 기법을 택하게 될 것입니다. 그러면 동시를 쓰는데 어려움을 느끼지 않고 흥미를 가질 수 있지요.

▶ 55~56쪽 해설·해답

해설

학생 지도 방향

1. 어린이들과 함께 동시 〈소리〉를 여러 번 읽어 보면서 각 연의 내용을 익힙니다. 뒷쪽의 문항도 마찬가지입니다.
2. 그 다음은 공책에다 한번씩 써 보게 합니다. 어린이들은 쓰는 과정 속에 동시에 대한 친근감을 느끼면서 글쓰기에 대한 두려움을 잊게 됩니다.

해답

◯ **55쪽 해답**
　① 바람이 돌멩이에 넘어지는 소리　　㉮ ▶ 넘어지는 느낌이 드는 것 같음.
　② 바람이 나뭇잎 붙잡고 춤추는 소리　㉯ ▶ 춤추는 느낌이 드는 것 같음.
　③ 비가 낙하산 타고 내려오는 소리　　㉰ ▶ 비오는 느낌이 드는 것 같음.

◯ **56쪽 해답** ▶ 리듬감이 있음.
　　　　　　　　동시 짓기는 각자 한다.

신바람 글쓰기

> 57~62쪽 해설·해답

학생 지도 방향

1. 본문에 나오는 설명과 〈감상〉 난의 내용을 참고하여 어린이들이 쓴 동시를 함께 읽어주며 지도합니다.
2. 특히 〈잠깐만 도우미〉 내용을 잘 활용하세요.

▶ 59쪽 해답   ▶ 62쪽 해답

미루나무

냇가에 서 있는
미루나무

여름에는
매미들의 교실.

겨울에는
바람에 따라

쓰러질 듯이……
쓰러질 듯이……

정신 못 차리는
미루나무

수박

큰 얼굴에
주근깨가 듬성듬성

수박 엄마는
얼마나 속상할까?
시집을 못 가서.

〈답〉 '을씨년스럽다'는 '을사년스럽다'에서 생긴 말입니다

우리말에 '을씨년스럽다'는 말이 쓰이기 시작한 것은 1905년 이후의 일입니다.
1905년 우리 나라는 일본에 외교권을 빼앗기는 '을사 조약'을 맺었습니다. 외교권을 빼앗겼다는 것은 나라의 주인 행세를 할 수 없게 되었다는 말입니다. 그래서 온 나라가 어수선하고 쓸쓸해 보일 때 을사 조약을 맺던 을사년과 비슷하다는 뜻에서 '을사년스럽다'고 했습니다. 그 후 '을사년스럽다'는 말이 변해 오늘의 '을씨년스럽다'는 말이 되었습니다.

학생 지도 방향과 해설·해답

6월의 주제 — 푸른 동산

64~69쪽 해설·해답

 해설

학생 지도 방향

1. 이 단원에서도 앞장과 마찬가지로 동시 쓰기를 다루고 있습니다만 동시 창작에서 줄임표가 어떤 느낌을 갖게 하며 그 묘미가 무엇인가를 어린이들에게 체험하게 하는 과정입니다. 그 다음은 소리를 흉내 낸 흉내말을 이용하여 동시의 리듬을 살리는 기법을 동시를 읽으면서 함께 느끼게 하는 과정입니다.

해답 ➡ 67쪽 해답 ➡ 생략

 70~82쪽 해설

 해설

학생 지도 방향

1. 여기서는 논술의 기초를 다루고, 생활문을 쓸 때 얼개를 짜야 길게 쓴다는 것을 체험하도록 꾸몄습니다. 논술의 기초는 자기 생각을 조리 있게 말로 표현하는 것입니다. 그래서 토론을 많이 해야 합니다.
2. 산문을 쓸 때는 꼭 얼개를 짜야 자기가 미처 생각 못했던 쓸 거리도 다 떠올려 길게 쓸 수 있습니다.
3. 그러면서 누구나 다 가지고 있는 글쓰기에 대한 두려움을 자신도 모르게 떨쳐 버릴 수 있습니다. 초등 학교에서는 글을 길게 쓰면 잘 쓰는 거라고 봐도 틀린 말이 아니거든요. 우선 원고지 7장 정도를 채울 수 있는 능력이 있어야 합니다. 그래야 글쓰기에 대한 부담이 없이 잘 쓸 수 있습니다.

 78~82쪽 해설·해답

해설

학생 지도 방향

1. 앞 부분(75쪽)에서 공부한 〈기다리던 비〉얼개도를 다시 한번 보게 하면서 외가나 시골 할아버지 댁에 가서 체험한 일들을 떠올려 얼개도부터 그려 보도록 합니다.
2. 그러다 보면 누구나 다 가지고 있는 글쓰기에 대한 두려움을 자신도 모르게 떨쳐 버리며 떠오르는 상

신바람 글쓰기

상력과 마주치게 됩니다.
3. 〈외가〉의 맞선말인 〈친가〉란 말 대신에 〈시골 할아버지 댁〉이라고 제시어를 복수로 제시한 것은 결손 가정의 자녀들을 위한 배려 때문입니다. 어린이들이 편하게 선택하도록 하십시오.

 ▶ 78쪽 해답

- 앞 부분에 쓸 내용
  ① 엄마, 아빠한테 외가에 간다는 소리 듣고 기쁨.
  ② 토요일 아침에 자동차 타고 떠남.
  ③ 할아버지 댁에 가니 밭에서 일하다 말고 달려와 반김.

- 가운데 부분에 쓸 내용
  ① 감자 밭에 나가서 감자꽃을 처음 봄.
  ② 고추가 자라는 비닐 하우스 안에 들어가 가지를 따냄. 땀이 비오듯 함.
  ③ 같이 감자 캐서 쪄 먹음.
  ④ 저녁에 별구경을 함. 반딧불도 봄.

- 끝 부분에 쓸 내용
  ① 이튿날 점심 먹고, 차 막힐까 봐 일찍 떠나기로 함.
  ② 할아버지와 할머니가 서운해 하심.
  ③ 오면서도 손 흔들던 두 분 생각이 자꾸 남.

 ▶ 79쪽 해답 ➡ 생략

7월의 주제 — 여름

▶ 84~90쪽 해설

 학생 지도 방향

1. 글의 앞 부분을 길게 쓰는 훈련 과정입니다. 대부분의 어린이들이 일기를 짧게 쓰는 습관이 그대로 남아서 글을 길게 쓰지 못합니다. 그런 짧은 글에다가 대화글과 묘사하는 방법을 터득하면 글을 길게 쓸 수 있지요.

2. 끝 부분은 논설문 쓸 때 보조 문장을 붙여 길게 쓰는 방법 훈련입니다. 그러니까 다 글을 길게 쓰는 방법이라고 보면 되겠습니다. 논설문 쓸 때 사고력이 뒤지면 보조 문장을 잘 다루지 못하니 이점 유의해서 지도하십시오.

 ● 88쪽 해답

첫째, 밖에 나갔다 집에 들어오면 손을 깨끗이 씻읍시다.
　　　밖에서 활동을 하다 보면 여러 가지 물건을 만지게 됩니다. 그 물건들은 다른 사람들도 만집니다. 그래서 더러운 병균이 묻어 있을 수 있기 때문입니다. 또한 먼지가 쌓여 더럽기에 그렇습니다.

둘째, 양치질을 자주 합시다.
　　　입 속에는 항상 침이 있어 물기가 마를 날이 없습니다. 또 매끼마다 음식을 먹기 때문에 음식 찌꺼기가 남아 있습니다. 그래서 병균이 살기가 쉽습니다. 그러므로 양치질을 자주해서 병균이 번식하지 못하게 깨끗이 해야 합니다.

셋째, 발을 깨끗이 닦읍시다.
　　　우리는 하루 동안에도 많이 걷습니다. 그러면 발에 땀이 나서 먼지와 섞여 때가 됩니다. 때는 땀과 섞여 발가락 사이에 끼면 냄새도 나고, 병균이 살기 좋은 환경이 됩니다. 특히 무좀균 같은 것은 발에 한번 걸리면 잘 낫지 않으니 항상 깨끗이 닦고, 습기가 없게 노력해야 합니다.

넷째, 속옷을 자주 갈아 입읍시다.
　　　남이 보지 못하는 곳에 입는 옷이라고 속옷을 잘 갈아입지 않으면 냄새가 납니다. 또한 땀이 배어 젖은 상태이기 때문에 건강에도 좋지 않습니다.

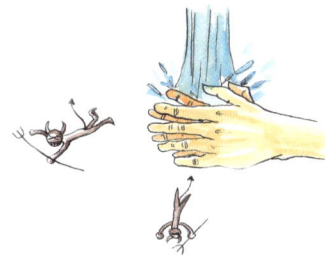

신바람 글쓰기

8월의 주제 — 휴가

> 92~110쪽 해설 · 해답

학생 지도 방향

1. 여기서는 사계절 중에서 여름을 소재로 한 여러 장르의 글 쓰는 장으로 만들었습니다. 여름에는 활동을 많이 하기 때문에 다양한 경험을 얻을 수 있지요. 그런 경험들을 글 소재로 한다면 글쓰기가 그리 어려운 것만은 아닐 것입니다.

● 94쪽 상단 해답

앞 부분
- 1. 학교에서 강낭콩을 심고 물을 줌.
- 2. 집에 가져 가려고 숨겨 두었다가 가져감.

가운데 부분
- 1. 엘리베이터 안에서 엎어짐.
- 2. 다시 심어 겨우 싹이 남.
- 3. 발표할 때 자기도 떡잎이 났다고 거짓말을 함.

끝 부분
- 1. 거짓말을 한 것을 후회함.
- 2. 화분 엎은 것이 원망스러움.

● 94쪽 하단 해답 ➡ 생략

● 98쪽 해답
1연 : 원두막에 수박이 많음.
2연 : 수박을 많이 먹어서 배부름.

● 99쪽 해답 ➡ 생략

학생 지도 방향과 해설·해답

▶ 100쪽 해답 ➡ 생략

▶ 102쪽 상단 해답
❶ 제주도로 여행을 간다고 하니 설렘. 짐을 챙기고 자려니까 잠이 잘 오지 않음.

❷ 제주도로 가는 비행기 탐. 비행기가 김포공항을 뜰 때 논과 밭, 집, 길들이 빙글빙글 도는 것 같고 조그마해짐. 구름 위로 비행기가 올라가 구름만 보임. 제주공항에 내릴 때 바다와 색다른 풍경이 보임.

❸ 한라산이 섬 중앙에 우뚝 솟아 있어 섬 어디서나 보임. 제주도 사투리는 잘 알아 듣지 못함. 기후가 따뜻해 다른 나라에 온 것 같음. 색다른 식물이 많음. 말을 탈 때는 겁이 났는데 나중에는 재미있음. 우리 나라 최고 남쪽 섬인 마라도에 갈 때는 배가 파도에 가라앉는 줄 알았음. 날씨 변화가 심함.

❹ 좁은 우리 국토지만 색다른 곳도 있다는 것을 생각함. 제주 풍경이 눈에 삼삼함.

▶ 102쪽 하단 해답 ➡ 생략

▶ 108쪽 해답 ➡ 생략

신바람 글쓰기

제3권 처음 시작한 날 :   년   월   일

(   )월 학습 계획표

순위	월	일	요일	학 습 내 용	확 인
1					수 우 미
2					수 우 미
3					수 우 미
4					수 우 미
5					수 우 미
6					수 우 미
7					수 우 미
8					수 우 미
9					수 우 미
10					수 우 미
11					수 우 미
12					수 우 미
13					수 우 미
14					수 우 미
15					수 우 미

※ 확인란 표기법 : (수) 혼자서 했음   (우) 엄마랑 함께 했음   (미) 기타 사정으로 못했음

학생 지도 방향과 학습 계획

순위	월	일	요일	학 습 내 용	확인
16					수 우 미
17					수 우 미
18					수 우 미
19					수 우 미
20					수 우 미
21					수 우 미
22					수 우 미
23					수 우 미
24					수 우 미
25					수 우 미
26					수 우 미
27					수 우 미
28					수 우 미
29					수 우 미
30					수 우 미
31					수 우 미

※ 확인란 표기법 : (수) 혼자서 했음   (우) 엄마랑 함께 했음   (미) 기타 사정으로 못했음

신바람 글쓰기

(   )월 학습 계획표

순위	월	일	요일	학 습 내 용	확인
1					수 우 미
2					수 우 미
3					수 우 미
4					수 우 미
5					수 우 미
6					수 우 미
7					수 우 미
8					수 우 미
9					수 우 미
10					수 우 미
11					수 우 미
12					수 우 미
13					수 우 미
14					수 우 미
15					수 우 미

※ 확인란 표기법 : (수) 혼자서 했음   (우) 엄마랑 함께 했음   (미) 기타 사정으로 못했음

학생 지도 방향과 학습 계획

순위	월	일	요일	학 습 내 용	확 인
16					수 우 미
17					수 우 미
18					수 우 미
19					수 우 미
20					수 우 미
21					수 우 미
22					수 우 미
23					수 우 미
24					수 우 미
25					수 우 미
26					수 우 미
27					수 우 미
28					수 우 미
29					수 우 미
30					수 우 미
31					수 우 미

※ 확인란 표기법 : (수) 혼자서 했음   (우) 엄마랑 함께 했음   (미) 기타 사정으로 못했음

신바람 글쓰기

(   )월 학습 계획표

순위	월	일	요일	학 습 내 용	확 인
1					수 우 미
2					수 우 미
3					수 우 미
4					수 우 미
5					수 우 미
6					수 우 미
7					수 우 미
8					수 우 미
9					수 우 미
10					수 우 미
11					수 우 미
12					수 우 미
13					수 우 미
14					수 우 미
15					수 우 미

※ 확인란 표기법 : (수) 혼자서 했음   (우) 엄마랑 함께 했음   (미) 기타 사정으로 못했음

학생 지도 방향과 학습 계획

순위	월	일	요일	학습내용	확인
16					수 우 미
17					수 우 미
18					수 우 미
19					수 우 미
20					수 우 미
21					수 우 미
22					수 우 미
23					수 우 미
24					수 우 미
25					수 우 미
26					수 우 미
27					수 우 미
28					수 우 미
29					수 우 미
30					수 우 미
31					수 우 미

※ 확인란 표기법 : (수) 혼자서 했음   (우) 엄마랑 함께 했음   (미) 기타 사정으로 못했음

신바람 글쓰기

(   )월 학습 계획표

순위	월	일	요일	학 습 내 용	확인
1					수 우 미
2					수 우 미
3					수 우 미
4					수 우 미
5					수 우 미
6					수 우 미
7					수 우 미
8					수 우 미
9					수 우 미
10					수 우 미
11					수 우 미
12					수 우 미
13					수 우 미
14					수 우 미
15					수 우 미

※ 확인란 표기법 : (수) 혼자서 했음   (우) 엄마랑 함께 했음   (미) 기타 사정으로 못했음

학생 지도 방향과 학습 계획

순위	월	일	요일	학 습 내 용	확 인
16					수 우 미
17					수 우 미
18					수 우 미
19					수 우 미
20					수 우 미
21					수 우 미
22					수 우 미
23					수 우 미
24					수 우 미
25					수 우 미
26					수 우 미
27					수 우 미
28					수 우 미
29					수 우 미
30					수 우 미
31					수 우 미

※ 확인란 표기법 : (수) 혼자서 했음   (우) 엄마랑 함께 했음   (미) 기타 사정으로 못했음

논리적 추리력과 상상력이 담긴 어린이의 글 한 편이 상급학교 진학과 장래를 결정합니다.

신바람 글쓰기는 논술의 기초를 확실하게 다지는 초등 학생 글쓰기 실기 훈련 프로그램입니다. 총 6권으로 구성된 이 실기 훈련 프로그램은 초등 학교 쓰기 책 12권과 새로 추가된 논술 학습 과정에 맞추어 어린이의 논리적 상상력과 언어적 표현력 향상에 최우선 목표를 두고 있습니다. 이 글 쓰기 실기 훈련 프로그램으로 논술의 기초를 다지면 상급 학교 진학과 대학 입학 논술 시험은 물론 어른이 된 후에도 논리적 사고력과 상상력이 담긴 글과 말을 자신감 있게 구사하며 평생을 전문가로 살아 갈 수 있습니다.

신바람 글쓰기 단계별 주요 학습 과목

제1권 - 글쓰기 기초 공부	제2권 - 운문과 산문쓰기
글쓰기 기초 공부	생활문쓰기(초급)
문장만들기	동시쓰기(초급)
원고지쓰기(초급)	편지쓰기
일기쓰기	독서 감상문 쓰기(초급)

제3권 - 논설문 기초 공부	제4권 - 설명문과 논설문쓰기
글쓰기와 논술의 기초	동시쓰기(중급 ● 완성편)
원고지쓰기(중급)	생활문쓰기(중급)
동시쓰기(중급 ● 기초편)	설명문쓰기(초급)
논설문쓰기(중급 ● 기초편)	논설문쓰기(중급 ● 완성편)
기행문 쓰기(초급)	독서 감상문 쓰기(중급)

제5권 - 생활문과 독서 감상문 쓰기	제6권 - 마인드 맵으로 논설문쓰기
글쓰기의 순서와 방법	기행문쓰기(고급)
생활문쓰기(고급)	기록문 · 보고문 쓰기
동시쓰기(고급)	설명문쓰기(고급)
독서 감상문 쓰기(고급)	논설문쓰기(고급)
	마인드 맵으로 논설문 쓰기

학생 지도 방향
책 속의 책
해설 · 해답집

값 8,500원

ISBN 89-90469-09-0
ISBN 89-90469-06-6(전6권)

 (Geurae Geurae)는 호기심 많은 어린이들의 탐구적 의미의 질문에 어머니나 어른들이 응답하는 소리말(그래그래, 알았다, 그렇게 하자)에서 나온 순수한 우리말로, 현대적 의미는 "동조 또는 화합해서 새로운 가치의 세계로 전진한다"는 이미지로 사용되고 있습니다.

신바람 글쓰기 논술의 기초를 확실히 다지는 초등 학생 글쓰기 실기 훈련 프로그램입니다.

 논술 준비를 위한 **논설문 기초 공부**

- 1판 1쇄 인쇄한 날 | 2006년 3월 15일
- 1판 1쇄 펴낸 날 | 2006년 3월 25일
- 지은이 | 이경자 · 이동렬 함께 지음
- 그린이 | 조희정
- 펴낸이 | 김송희
- 펴낸곳 | 도서 출판 그래그래
  - 주소 405-815 / 인천광역시 남동구 간석3동 919-4호
  - 전화 (032)463-8355(대표)
  - 팩스 (032)463-8339(전용)
  - 홈페이지 http://www.Jaryoweon.co.kr
  - 이메일 Jrw92@Jaryoweon.co.kr
- 출판 등록 | 2002년 11월 20일 제353-2004-000011호
- 본문 기획 · 편집 · 디자인 | 서동익
- 표지 디자인 | 강영미
- 컴퓨터그래픽 · 일러스트레이팅 | Photoshop & illustrating

ⓒ 이경자 · 이동렬 2005. Printed in korea

ISBN 89 - 90469 - 09 - 0   63810
ISBN 89 - 90469 - 06 - 6   (전6권)

※ 잘못된 책은 바꾸어 드립니다.

신바람 글쓰기는 논술의 기초를 확실하게 다지는
초등 학생 글쓰기 실기 훈련 프로그램입니다.
총 6권으로 구성된 이 실기 훈련 프로그램은 초등 학교 쓰기 책 12권과
새로 추가된 논술 학습 과정에 맞추어 어린이의 논리적 상상력과
언어적 표현력 향상에 최우선 목표를 두고 있습니다.

↑ 초급 낮은반 용

↑ 초급 높은반 용

각 책마다 내 아이를 선생님처럼 지도할 수 있는 학생 지도 방향과
해설·해답집이 〈책 속의 책〉으로 엮어져 있습니다.

학원이나 그룹 지도를 하시는 선생님이 지방에 있는 서점에서
이 책을 다량으로 구입하고자 할 경우, 책이 서점에 많이 구비되어 있지
않을 때가 있습니다. 이럴 때는 서점에서 추가 주문을 하시거나
출판사로 문의(032-463-8355)해 주십시오.

↑ 중급 낮은반 용

↑ 중급 높은반 용

↑ 고급 낮은반 용

↑ 고급 높은반 용

논리적 추리력과 상상력이 담긴 어린이의 글 한 편이 상급학교 진학과 장래를 결정합니다.

신바람 글쓰기는 논술의 기초를 확실하게 다지는 초등 학생 글쓰기 실기 훈련 프로그램입니다. 총 6권으로 구성된 이 실기 훈련 프로그램은 초등 학교 쓰기 책 12권과 새로 추가된 논술 학습 과정에 맞추어 어린이의 논리적 상상력과 언어적 표현력 향상에 최우선 목표를 두고 있습니다. 이 글 쓰기 실기 훈련 프로그램으로 논술의 기초를 다지면 상급 학교 진학과 대학 입학 논술 시험은 물론 어른이 된 후에도 논리적 사고력과 상상력이 담긴 글과 말을 자신감 있게 구사하며 평생을 전문가로 살아 갈 수 있습니다.

 **신바람 글쓰기 단계별 주요 학습 과목**

제1권 - 글쓰기 기초 공부	제2권 - 운문과 산문쓰기
글쓰기 기초 공부	생활문쓰기(초급)
문장만들기	동시쓰기(초급)
원고지쓰기(초급)	편지쓰기
일기쓰기	독서 감상문 쓰기(초급)

제3권 - 논설문 기초 공부	제4권 - 설명문과 논설문쓰기
글쓰기와 논술의 기초	동시쓰기(중급 ● 완성편)
원고지쓰기(중급)	생활문쓰기(중급)
동시쓰기(중급 ● 기초편)	설명문쓰기(초급)
논설문쓰기(중급 ● 기초편)	논설문쓰기(중급 ● 완성편)
기행문 쓰기(초급)	독서 감상문 쓰기(중급)

제5권 - 생활문과 독서 감상문 쓰기	제6권 - 마인드 맵으로 논설문쓰기
글쓰기의 순서와 방법	기행문쓰기(고급)
생활문쓰기(고급)	기록문 · 보고문 쓰기
동시쓰기(고급)	설명문쓰기(고급)
독서 감상문 쓰기(고급)	논설문쓰기(고급)
	마인드 맵으로 논설문 쓰기

학생 지도 방향
책 속의 책
해설 · 해답집

값 8,500원

63810

9788990469090
ISBN 89-90469-09-0
ISBN 89-90469-06-6(전6권)